台湾银行业对外投资与粤台合作研究

陈茜　著

本书为广东省哲学社会科学规划项目"台湾银行业对外投资与粤台合作研究"（项目编号：GD13YTQ01）成果。

九州出版社　全国百佳图书出版单位
JIUZHOUPRESS

图书在版编目（CIP）数据

台湾银行业对外投资与粤台合作研究 / 陈茜著. ——
北京 ：九州出版社，2019.10
ISBN 978-7-5108-8332-3

Ⅰ．①台⋯ Ⅱ．①陈⋯ Ⅲ．①商业银行－对外投资－
研究－台湾 Ⅳ．①F832.758

中国版本图书馆CIP数据核字(2019)第208001号

台湾银行业对外投资与粤台合作研究

作　　者　　陈茜　著
出版发行　　九州出版社
地　　址　　北京市西城区阜外大街甲 35 号（100037）
发行电话　　(010)68992190/3/5/6
网　　址　　www.jiuzhoupress.com
电子信箱　　jiuzhou@jiuzhoupress.com
印　　刷　　北京九州迅驰传媒文化有限公司
开　　本　　720 毫米 ×1020 毫米　16 开
印　　张　　10
字　　数　　150 千字
版　　次　　2019 年 10 月第 1 版
印　　次　　2019 年 10 月第 1 次印刷
书　　号　　ISBN 978-7-5108-8332-3
定　　价　　28.00 元

目　录

前言

早在日据时期，台湾便有民营银行对外投资。1949 年，国民党败退台湾，大陆地区和海外的银行营业网点相继接受新政府的领导。20 世纪 50 年代中期起，台湾先后实施进口替代型、出口导向型经济发展战略，经济腾飞，对外经贸繁荣，带动了银行业对外投资。台湾银行业对外投资是典型的"逐台商而居"，投资地域涵盖了所有与台经贸往来密切的区域，从太平洋彼岸的北美，南下南洋各国，再到欧洲和日本。岛内金融生态环境的巨大变化也迫使台湾银行业加快脚步。台湾银行业对外投资的形态和规模会受到东道国和地区金融市场开放政策的约束。最低注册资本、商业存在形式、业务内容是各国和地区准入政策中必不可少的内容。国际制度创新、突发事件及政治局势是十分重要的外生变量，影响是即时且深远的。

在台湾对外投资的产业中，尽管制造业依然是对外投资的主流，但是其投资金额占比不断下降。与此相反，以银行业为主导的金融业对外投资已经显示出比重不断上升的态势。目前，绝大部分台湾银行业者都纷纷推出了"国际化"、区域化战略，投资意愿逐步从被动、半被动转为主动。如今，对外机构和子行已成为台湾银行业创利的重要来源，尽管对外投资的台湾银行业者众多，但岛内外业务规模之间并没有呈现正向关系。目前，岛外资产较多的银行业者在岛内资产上仅仅位列居中。二十多年间，台湾银行业对外投资的区域结构有所调整，亚洲的重要性上升，欧洲的重要性下降。尽管分行模式是绝大多数国家和地区最容易接受、台湾银行业者最青睐的商业存在形式，但以融资租赁、消费金融、产业基金为代表的新兴金融业态也开始崭露头角。若干家银行业者已将大陆分支行改制为子行。在总体的资产规模上，不同商业存在形式之间存在巨大差异，目前已呈现出 OBU 最多，对外分支行其次，子行最小的局面。在具体的经营中，以 OBU 和对外分支行构成的对外机构近年来呈现出核心业务弱化，优质信贷业务难寻；金融市场交易频繁，风险加大；同业业务依赖较大，内在不稳定性较高等问题。然而，以 8 家代表性银行来看，不同银行之间的业务结构差别很大，但盈利能力趋同。就子行而言，以母行全资持股为主，区域分布广，彼此间差异大。大部分子行的盈利能力都逊色于母行的其他对外机构，且盈利能力与区域分布、资产规模之间没有线性关联。

两岸银行业往来经历了间接、半直接到直接等三个阶段，大陆已成为台湾银行业当下和今后对外投资的区域重心。2016 年，民进党再次执政后推出"新南向"政策，鼓励台湾银行业者赴东南亚设立网点，提升银行业对东南亚的放款意愿。一系列倾斜政策的确对银行业的投资决策造成了影响。部分银行业者对大陆的投资有所放缓。然而，在政策之外，台湾"法令规章"在经过多轮修改后，对向大陆投资构成障碍的条款已然不多，其中针对准入门槛和投资活动的管制，实际约束力非常小，但对资金规模的实际约束在中长期将有所体现。一直以来，大陆并未单方面出台专门针对台湾金融机构的规章制度，而是将台资参照外资管理。2017 年以来，大陆金融开放的步伐加快。其中，关于外资银行市场准入的要求进一步降低，内容更为清晰明确，金融监管及风险指标也趋向于和国际水平保持一致。在两岸制度协商暂缓的情况下，这些变化构成了台湾银行业对大陆投资的间接利好。台湾银行业对大陆投资机遇与风险并存，要面对更为复杂和艰难的问题，包括相对竞争力不明显、经济结构转型、货币政策趋紧、互联网金融冲击等。台湾银行业者需要充分发挥两岸同文同种的优势，需要在有效识别风险的前提下寻找商机，需要一边投资一边转型，需要与本土银行一起回归传统业务。

服务台商是台湾银行业大陆投资的首要目的。目前，台湾银行业布局与台商在大陆的分布高度吻合。长三角地区拥有最多的分支机构、法人机构和其他形式的金融机构，其次是珠三角和海峡西岸经济区。尽管广东并非台湾银行业的首选，在本区域内经营的台资银行、台湾银行业对外分支行的规模都很小，但在"一带一路"倡议、粤港澳大湾区和广东自由贸易区等政策利好的叠加下，广东对台的制度优势资源正在不断累积。随着广东产业转型升级的持续推进，将为台湾银行业发挥比较优势提供更加丰富的机会。

第一章　导论

1.1 概念界定与研究缘起

一、概念界定

本研究的地域范畴较广，既包含海峡两岸暨香港，又涉及境内与境外，因此很有必要对若干概念做出明确的解释。具体如下：

（一）银行业投资与商业存在形式

银行业和一般企业类似，出于业务扩张的需要进行投资。投资方式既包括直接用现金、实物、无形资产等投入形成生产经营活动的能力的实物投资，也包括用现金、实物、无形资产等购买或置换取得股权的证券投资。商业存在形式又称进入模式、组织模式，在学界并没有统一的称谓。本研究采用的是银监会的有关表述用语。银行业的商业存在形式主要有办事处、分行、支行、子行、合资银行等几种。不同的商业存在形式，投资方式略有不同。办事处、分支行的建立往往是采用实物投资的方式。合资银行、参股以及全资收购往往采用证券投资的方式。作为特殊性质的企业，银行业投资之外还有融资，后者是指母行向分支行、子行、合资银行等投资实体的债务融资，被称为同业拆借或同业融资。这部分资金也是投资实体业务经营的重要资金来源。与之有密切联系的对外债权将在第三章中出现。

（二）对外投资与对外机构

基于海峡两岸关系的特殊性，本研究之所以选取"对外"而非"海外"来作为对研究地域范畴的概括，是因为在当前语境中的"对外"是地理上的概念，无政治意涵。台湾银行业对外投资的地域范畴甚广，是除去台湾本岛、澎湖、金门和马祖之外的所有区域，既包括大陆及港澳特别行政区，又包括其他所有国家和地区。

从第三章起，论述中密集出现"对外机构"一词。在台湾"中央银行"的统计中，将"国际"金融业务分行（以下简称OBU）和对外分支行合并统计。为使表述更为简练，本研究将"对外分支行和OBU"统称为"对外机构"，"对外分支行业务与OBU业务"统称为"对外业务"。就办事处、分支行、子银行及合资银行而言，本研究将之统称为"各类机构"。①

（三）外国银行与外资银行

本研究将在境外其他国家和地区注册的，实际控股股东来自其他国家和地区的法人银行称为外国银行。将外国银行在母国或地区境外注册，独资创办或者具有绝对控制权的银行称为外资银行。外国银行对外设立的分支机构，称为外国银行办事处、分行、支行，或统称为外国银行对外机构。同理，将在港、台地区注册成立的，实际控股股东来自当地的法人银行称为香港地区银行或香港银行、台湾地区银行或台湾银行。港、台地区银行在大陆设立的法人银行称为港资银行、台资银行。在大陆的相关法律法规中，除非政策特别规定，港、澳、台地区银行均参照外国银行办理。值得一提的是，在文献述评的部分为了准确还原，保留了文献作者本身的称谓。

二、研究缘起

早在日据时期，台湾便有民营银行对外投资。例如，由当时的省绅及海外华侨巨商创立的株式会社华南银行（现华南商业银行的前身）为沟通侨胞资金与促进岛内经济发展，先后在祖国大陆、日本、东南亚设有网点，如广州、海防、胡志明、仰光、新加坡、三堡垒、东京等，对台湾拓展南洋贸易有很大贡献。1949年，国民党败退台湾，带走绝大部分外汇，原大陆地区和海外的银行营业网点相继接受新政府的领导。20世纪50年代中期，台湾实施进口替代型经济发展战略，此后经济腾飞数十年，对外贸易繁荣。出于外经贸以及"外交"的需要，有几家台湾银行业者赴岛外设点。80年代初，台湾提出"'国际化'、自由化、制度化"的战略口号，制造业对外投资愈演愈烈。当局于1988年鼓励银行业对外设立网点，协助当地厂商取得营运资金，提供多元化金融服务，培育国际金融专业人才，进而台湾银行业对外投资的脚步逐渐加速。对外投资分

---

① 在台湾"金管会"出台的"台湾银行设立岛外分支机构应注意事项"中，岛外分支机构将办事处、分行、子银行及合资银行都包括在内。本研究与之存在差别。

布的地域甚广，从太平洋彼岸的北美，南下南洋各国，再到欧洲和日本。此后海峡两岸学界围绕这一现象进行了研究。就银行业层面的研究而言，大量文献聚焦于 20 世纪 70 年代的外汇自由化和利率自由化，特别是 20 世纪 90 年代初放宽银行新设（包括开放外资银行设立）、公营银行民营化（包括开放外资持股）、混业经营等以及由此带来的积极或消极的影响。换而言之，"国际化"研究的焦点集中在岛内市场的对外开放。然而在台湾银行业"走出去"方面，由于样本数量较少、资料搜集不易，学界很少有深入的研究，多为各个银行业者的定期调研报告，以及当局"政策小组"研究报告。这些材料报告主要有三类，反复定性分析台湾银行业对外投资的动因，介绍对外投资状况（所在国/地区的经济金融状况、个别银行对外分支机构的经营情况、设备人员配置等具体问题），再给出若干建议。这些材料在特定时期有其特定价值。

尽管银行业是台湾服务业当中较早对外投资的产业之一，但却因政治因素成为台湾现有产业类别中为数不多的较晚投资大陆的产业。2009 年 4 月，两会签署《海峡两岸金融合作协议》，同年 11 月，签署《金融监理合作备忘录》（以下简称：MOU），开启了台湾银行业大陆投资的政策阀门。2010 年 6 月，海峡两岸签署 ECFA，给予台湾银行业政策性优惠，加速其投资的步伐。这一议题逐渐成为产官学界关注的焦点，相应的出现了一定的研究成果。在现有的研究成果中，大陆学者的研究成果大多数围绕 ECFA、服贸协议展开，探讨有关市场准入、局部地区优惠等问题。台湾学者的研究成果旨在力荐当局放宽政策，对于台湾银行业在大陆可能面临的情况并未做深入的分析。这是可以理解的，尽管祖国大陆是台湾银行业对外投资的重点区域之一，但业务经营还处在初期阶段，数据资料少之又少，单独以其作为研究对象，恐遇到"巧妇难为无米之炊"的窘境。

针对诸如此类的研究缺憾，本研究力图展现台湾银行业对外投资的全貌。本研究涉及的数据、素材在此前的研究成果中鲜有出现。笔者期待，本研究能够提供一种全新的研究视角与研究思路，能为今后的台湾银行业大陆投资、两岸银行业合作研究做出基础性的、开创性的贡献。

1.2 文献述评

对本研究有参考作用的文献有两类：一类是专门针对台湾银行业对外投资的文献。这类文献相对不多，以台湾当局的各类调查报告和银行业公会的会讯为主。内容较为宏观，偏重于对东道国和地区经济、金融情况进行介绍，阐述台湾银行业在当地经营情况及所面临的困难等。这些文献对笔者了解台湾银行业早期对外投资情况有很大的帮助，是珍贵的一手资料，在后续章节中将有所引用，在此不做重复。随着两岸先后加入 WTO，出现了一些关于台湾银行业投资大陆的文献，其中的绝大多数是前瞻性的探讨，有一些分析带有时效性，随着时间的推移"自然报废"，也有一些观点和结论至今看来仍不过时，给了笔者较大的启发。李纪珠是岛内研究这一问题最早的学者，她分析了大陆银行业的竞争状况、台湾银行业"登陆"利基和客源定位及可能面临的风险。李纪珠（2003）提出"台资银行应根据自己的实力及准备程度来决定是否要到大陆发展，而不是为了进入市场而进入大陆。"陈慧芳（2012）在分析了机遇与挑战后，提出了台湾银行业的"登陆"策略。她认为"业务初期以台商为主，以企业金融业务为重。""可锁定 ECFA 早收清单中大陆给予之'绿色通道'的承诺，布局大陆的中西部及东北部区域。""在'西进'选项上也可以思考设立村镇银行以扩充据点的策略。"简永光（2008）详细分析了 OBU 对大陆台商的授信问题，他认为"台湾的 OBU 要直接针对大陆的台商提供服务，除了参加大型的国际联贷案件之外，在日常的金融业务范围内，并没有什么发挥空间。"这间接证实了"登陆"的重要性。值得一提的是，目前有很多关于两岸制度性协商的分析，就市场准入进行简单，深度不够。台湾学者对于大陆的金融环境的认识仍显不足，影响了后续分析判断的准确度。另一类是国际上其他国家和地区银行业对外投资的文章。这些文章通常都从某个特定的视角，围绕某个特定的问题进行分析研究，例如商业存在形式、地域分布、经营绩效、社会影响等，相对更加有深度。需要强调的是，作为一个中国框架下的独立关税区，从经济属性上看相关跨国 / 跨境投资文献与理论对台湾银行业对外投资有很强的适用性。因此，本节拟从几个方面进行梳理：

一、银行业对外投资的商业存在形式

一直以来，关于外国银行商业存在形式选择的研究中多为常识性的实证研究。尽管基于不同的研究对象、研究时段和研究视角，选取的指标、得出的逻辑关联不甚相同，但不外乎从母行、东道国或地区经济金融状况、本国或本地区和东道国的各种联系这几个角度展开研究。

Ursacki 和 Vertinsky（1992）研究了外国银行在日本和韩国的商业存在形式选择。他们使用多元 logit 模型检验决定银行设立分行、代表处或不进入东道国的因素。研究认为，母行规模是一个重要的决定因素。Ball 和 Tschoegl（1982）以 1978 年在日本和美国加利福尼亚州经营的外资银行为样本研究其商业存在形式的选择及其影响因素。研究发现，母行国际化经营的经验越丰富、母行对东道国市场越了解，越可能选择于当地市场参与度高的商业存在形式。然而，Tschoegl（2004）对在美国经营的外资银行进行研究表明，母行国际化经营经验的影响不显著。关于东道国或地区因素。Goldberg 和 Saunders（1981）将银行业务分为当地银行业务和跨国银行业务，对当地银行业务增长有较高预期时，倾向于子行模式，对跨国银行业务增长有较高的预期时，倾向于分行模式。尽管将业务增长的预期进行量化是一件困难的事情，但外资银行以长远的利润率为目标是可以明确的，进而银行业对外投资的短期经营绩效、财务指标对存在形式的选择没有显著影响。这一观点对于现已开展的银行业合作有很强的现实意义。Miller 和 Parkhe（1998）对美国银行对外投资进行研究，发现东道国因素会影响商业存在形式选择，其中包括东道国经济发展水平、该国法规是否允许混业经营、该国对外资银行分行所设置的进入障碍、该国银行体系的发展程度、相对于美国的税率差额等。Cerutti 等人（2007）对资产总额排名世界前 100 家银行在拉丁美洲和东欧的 19 个国家的存在形式选择进行研究，支持东道国因素对于商业存在形式选择的影响。东道国企业税率高，外资银行更倾向于选择分行，东道国比母国政治或经济风险高，外资银行更倾向于选择子行。Ter Wengel（1995）认为，外资银行倾向于通过其子行为母国客户服务。但 Ursacki 和 Vertinsk（1992）与 Josep（1998）的研究却表明外国直接投资不影响银行商业存在形式的选择。大多数研究都认为地理文化联系对商业存在形式选择有影响。Tschoegl（2004）统计了美国最大的 12 家外资银行子行的情况，发现以英语为母语国家的大型银行更有可能在美国设立子行。Josep（1998）选取母国和东道国的地理距离作为衡量两国间的文化差异的指标，结果认为地理距离越远，以分行模式进入的概率越高。[①]

　　近年来，海峡两岸学者逐步开始关注外国银行商业存在形式选择。鲁明易、余珊萍（2010）认为母行所具备的管理能力以及其管理方式惯性可能使其对外设立分支机构时对某种模式存在偏好，这种偏好对其的组织模式选择可能会产生影响。刘立安、付强（2010）分析了外资银行分行与法人银行的业务差异，利用实物期权方法分析了外资银行分行改制为法人行的价值、最佳改制时机及影响因素。实证研究发现外资银行分行改制为外资法人银行受到银行净收益、银行零售业务规模及控制经营成本能力等因素的影响。谢孟芬、张邦茹等（2007）对台湾的 18 家银行 123 家对外分支机构为样本，得出文化距离、地主国的市场潜力、母公司本身的对外经验及公司规模等主要影响因素，认为文化距离愈大时，越会采取低控制的进入模式。台湾学者林祖嘉（2003）分析了决定台湾银行业对外投资形态的因素。如果被投资国的市场越开放、讯息越透明，则对外投资以独资形式的比例就会愈高；反之，则采合资。其次，当投资的技术层次愈高，生产过程越繁复，投资者希望保有完整的技术时，则独资的比例愈高，以免与当地合资者产生不必要的纠纷。再次，如果投资金额较大，投资风险较高，企业越有意寻找当地伙伴进行合资。其四，如果投资地点愈远，投资者不易遥控，则以合资方式进行较佳。更重要的是，他认为，投资型态与被投资国的开放程度有密切关系，同时投资国的开放程度通常都是渐进式的。因此许多外资进来时，首先采取经常会是以技术合作的方式进来，只提供技术与人员。等到市场较为开放以后，再以合资的方式进行投资，等到市场足够透明以后，才会进行独资。

　　二、银行业对外投资的区位选择

　　Berger（2007）发现欧洲较发达国家的外资银行市场占有率只有的 15%，而东欧转型国家则高达 70%。地理相近是解释银行决定到某国拓展业务的重要因素，共同语言、行政体系与文化对银行进入新市场是重要助力。Merrett（2002）分析澳大利亚银行的国际化，发现能够让其分支机构提供类似金融商品与服务市场的是同为英国殖民地的新西兰与太平洋岛国。黄启瑞（2010）对2000 年至 2005 年间的全体台湾银行业在 25 个国家的 219 个对外网点数据进行分析，探讨全体台湾银行业"国际化"扩张主要考虑的区位因素以及银行业

---

① 鲁明易、余珊萍：《在华外资银行组织模式选择》，《上海金融》，2010 年第 6 期。

"国际化"与绩效间的关系。结果发现台湾银行业对外设立分支机构最重要的地主国或地区的区位因素是台湾制造业的出口贸易与直接投资。黄启瑞、董泽平等（2009）研究大陆银行业在 29 个国家和地区设立的 120 个对外分支机构，结论与上述一致。周秀霞、沈中华（2009）分析 1994 年至 2004 年外资银行在台湾扩张，实证结果显示，分支机构的扩张完全支持"追随顾客"理论，外国银行会追随企业与劳工顾客到台湾进行实体扩张，而财务面的扩张结果因具体财务指标的不同稍有差异。

三、银行业对外投资的经营绩效

Sturn 和 Willians（2004）通过对澳大利亚四大行及其他本地银行的研究，认为外资银行具有较高的规模效应，其平均效应高于澳洲本地银行。

Sensarma（2006）在研究印度银行业中发现，印度放松对银行部门的监管对本地银行业经营效率的提高较为有效，对外资绩效并不显著。Bertus 等（2008）发现信息不对称水平越高，市场越缺乏竞争，外资银行的所有权收益越高。Engwall 等（2001）发现在芬兰、挪威及瑞典等国，外资银行失去了所有市场份额。Haas（2006）通过检验中东欧的外资银行与本地银行对商业周期反应的差异性，发现外资银行母国的经济状态影响了外资银行的发展，二者间具有负相关性，且受到总行财务健康状态的影响。Kosmidou（2007）通过分析希腊银行业对外投资，发现外资银行总行的盈利能力与国外分行的利润具有显著正相关性，而与分行的规模具有负相关关系。[①] 刘立安、付强（2010）通过对大陆 73 家中外资银行的非平衡面板数据进行实证检验，表明以历史背景、社会文化为主的隐形进入成本限制了外资银行的盈利水平。

四、银行业对外投资与东道国/地区的关系

国外关于外资银行进入对东道国银行业影响的研究观点分为三类：积极论、消极论和中性论。积极派如 Mathieson 和 Rolds（2001）认为外资银行进入要通过竞争效应和外溢效应对东道国银行效率产生直接和间接的促进作用。

Terrel（1986）选择 14 个发达国家为样本，认为外资银行的竞争虽然会降低本地银行的份额和利润，却可提高了社会的总体福利水平。Bhattacharaya（1993）研究巴基斯坦、土耳其和韩国的国内银行市场，发现外资银行的进入引入了一定的境外资本，扩大了本国的信贷总量。消极派学者认为，外资银行带

---

① 刘立安、付强：《外资银行经营模式及盈利能力差异分析与实证——基于隐形进入成本与制度质量的研究》，《管理工程学报》，2010 年第 2 期。

给东道国银行更多的是成本的提高和竞争的加剧。Stiglitz（1993）认为，银行业的对外开放给国内银行、企业和政府带来了潜在成本。Barajas（2000）通过实证分析，发现外资银行进入哥伦比亚后当地银行的资产质量明显下降。中性论学者认为外资银行的进入效应要么不显著，要么因东道国经济发展而异，要么积极因素与消极因素并存。

McFadden（1994）研究发现没有明显证据表明外资银行进入可以提高国内银行业务。Maritines 以拉美五国为研究对象，研究结果显示外国银行进入后本国银行市场集中程度的上升，此外并未产生预期中的显著效率效应。[①]

邱立成、王凤丽（2010）选取波兰、保加利亚等 10 个中东欧国家 1995 年至 2006 年的混合面板数据进行实证研究，结论显示外资银行的进入程度对东道国银行不同指标的影响存在差异性，但总体上提高了东道国银行体系的稳定性。谢升峰、李慧珍（2009）对大陆 11 家主要商业银行 1995 年至 2007 年的混合面板数据进行实证分析，外资银行进入短期内并未对我国银行业的净利息收入造成显著的影响，但只是稍微显著地降低了我国银行业的非利息收入，这造成银行业的营业成本稍微有所上升，但并没有造成银行业利润水平下滑。

五、资产负债管理的实质与影响因素

关于资产负债管理的文章大致有定量分析和定性分析两类。前者主要集中于资产负债管理的实质——风险管控，即通过调整资产负债结构达到降低风险、增加盈利的目的。江能等（2007）基于套利理论研究商业银行的资产负债管理模式，认为商业银行资产负债管理的实质是风险套利，其收益主要取决于交易规模、管理质量、市场力量及其风险控制能力。赖昭瑞、李德荃（2006）介绍了久期理论的基本思想在商业银行风险管理中的应用，提出了"风险免疫"管理策略、"久期缺口"风险管理策略和资产的"久期匹配"组合策略，认为商业银行应随时调整资产的构成，主动调整"久期缺口"的大小以及充分利用"反向持有"的资产组合。后者主要是分析造成资产负债结构不同的深层次原因。刘涛、周继忠（2011）通过比较分析发现，中国与其他新兴市场国家的银行在资产负债表构成方面存在很大的不同，进而面临着不同的风险。这种差异有着深刻复杂的制度根源，如储蓄率和对短期流入资本的监管等。王颖（2005）从定量和定性两个角度，对中西方商业银行资产负债管理进行比较，认为西方商

---

① 谢升峰、李慧珍：《外资银行进入对国内银行业盈利能力的影响——基于面板数据的实证分析》，《经济学动态》，2009 年第 11 期。

业银行始终将流动性、盈利性、安全性"三性平衡"作为经营目标，而中资银行资产负债管理很不成熟，认为利率市场化程度不高、金融市场管理不规范、国有商业银行产权结构单一、银行组织结构不完善以及银行缺乏创新等，是造成资产负债管理不成熟的标志。

杨华书（2004）认为大陆资产负债结构单一，绝大部分资产表现为银行贷款，特别是对国有企业的集中贷款，并且未能有效的使用主动负债方式解决资金来源问题。相较而言，国有商业银行的证券投资业务发展不足，与国际上银行资产证券化趋势不符。他认为，银行证券投资的资产形式，可以在兼顾安全性、收益性的前提下，保持资产的流动性，并作为银行的"二线准备"。文章认为，刚性的利率管理以及对利率的迟钝反应，不利于银行实施资产负债比例管理的弹性操作。

整体而言，以上搜集、综述的文献具有很强的代表性，基础理论研究较为深入。对于银行业对外投资的基本问题：商业存在形式、地域选择、经营绩效，采取不同的样本进行实证，成果丰硕，当中的共识性观点成为本文的行文描述、逻辑推理的基础性内容，当中的争议性观点让本文有了具体情况具体分析的必要性。关于银行业对外投资与东道国或地区之间的相互影响，不同研究依据不同的样本，得出的结论差异很大，这说明了不同国家、不同银行业差别很大。就台湾银行业对外投资而言，所到之处经济金融业发展程度不一，历史政治人文迥异，在整体上衡量二者的相互影响十分困难且意义不大，因此这部分内容在涉及具体国家或地区时有所体现。关于台湾银行业对外投资的文献，大部分来自台湾学者及产业界人士，大陆学者也有涉入。相比较其他文献而言，不论是研究的深度还是广度均相差甚远，这是对外投资的规模有限造成的。资产负债管理方面，很少有单独分析对外投资的资产负债管理，也很少有个案分析，大多是风险管理理念的模型化设计和差异析源。这部分文献对论文的贡献在于基础概念的剖析。然而，很少有文献落实到具体的银行业者资产负债变化与比较，以及资产负债结构比较与经营绩效、竞争力的关系。本研究试图弥补这一缺憾。两岸银行业合作是在一个较迟的时间点启动的两岸合作议题，尽管这方面的研究近几年来呈现井喷，但探讨仍偏于宏观，仅止于议题提出和政策建构。例如在实质的合作层面，倾向于市场准入、谈判原则、金融监管，在泛合作层面，倾向于经验借鉴、启示等，很少有从商业银行学角度开展研究。由于核心期刊很少，本研究没有专门进行论述。两岸金融自由化的差异是台湾银行业大陆投资需要了解的基本内容，关于两岸各自金融化研究的文献不乏其数，同时这部分内容属于主流经济研究热点，关于利率自由化、资本管制、外汇管制等议题的研究更是不胜枚举。为了简明扼要，本研究在并未罗列，与研究紧密相关的内容将在后文阐述。

1.3 理论选择

根据本研究的逻辑演进需要与走向，有四类问题需要相应的理论依据和理论解释，一是银行业对外投资的动因；二是银行业对外投资的步骤与条件；三是银行业对外投资的影响与环境；四是资产负债管理的策略。其中，在将银行界定为金融企业的前提下，本研究选择了若干跨国公司理论，作为对银行业对外投资相关活动的理论依据和解释。接着，选取了若干主流的商业银行理论，尝试对现阶段不同策略提供最为原始的理论支撑。当然，在理论选择的基础上，本研究进行了相应的拓展演绎，以使之更加符合本研究的框架设计。

一、解读银行业对外投资的动因

银行业对外投资不外乎顺应于、满足于以下几类市场需求。其一，扩张型投资，即提供当地侨民、企业及当地居民金融服务，增加业绩。其二，被动性投资，即通过提供台商在当地所需的金融服务，巩固该台商的岛内母公司与母行之间的金融服务契约关系，进而提升母行持续经营的竞争力。其三，技术性投资，即对外分支机构能够引进一些新技术和金融商品，持续不断的丰富岛内母行业务品种。这与制造业引进境外技术是完全相同的做法。其四，引资性投资，对于母行的岛内客户而言，可以利用该行对外分支机构从外部取得资金，例如发行 ADR 及其他金融商品，从而把岛外资金引进台湾。其五，避险性投资，即通过对外分支机构的设立，母行在一定程度上可以自由选择资产负债来源地，降低资金成本，分散经营风险。这些需求在任何一家银行对外投资的过程中都是存在的。在相同的时点、相同的区域，不同银行市场需求的侧重点不同。同一家银行在不同的时点与不同的区域，市场需求侧重点也不相同。

目前，学术界有不少完善的研究跨国或地区企业经营的理论，其中最为经典的均是从不同视角解释跨国或地区企业经营的动因，这些观点对于或银行这一特殊的跨国或地区企业也有很好的支撑作用。

（一）垄断优势理论

作为研究国际直接投资最早、最有影响的理论，垄断优势理论是美国学者海默（Stephen Hymer）于 1960 年在其博士学位论文《国内企业的国际经营：关于对外直接投资的研究》首次提出。该理论有两个重要的论点，即不完全竞争市场和企业垄断优势，二者互为前提。海默在当时最为出彩的观点是，必须放弃对传统国际资本移动理论中关于完全竞争的假设，从不完全竞争来进行研究。海默另一出彩的观点是，垄断优势使跨国公司具备对外直接投资的能力。形成垄断优势的原因多种多样，其中产品差别、规模经济、技术垄断、商标、政府保护最为常见。金德尔伯格（Charles P.Kindleberger）认为市场的不完全性让美国企业拥有和保持一定的垄断优势，这种垄断优势所带来的收益超过了因跨国经营而额外增加的成本和风险。海默认为，各国企业在技术、管理、规模经济方面的相对优势决定了直接投资的流向及多寡，决定了一国是主要的对外直接投资国还是主要的直接投资接受国。[①]

银行业作为特殊的服务类机构，其国际化也拥有普通企业的共性特征。对于台湾银行业者而言，垄断优势与不完全竞争市场的来源是台商对外直接投资与台湾对外贸易。台湾银行业者在这两类活动中有着天然的优势，这种优势并不随着经济地域的移转而消亡，相反有加强的痕迹。

（二）交易费用理论与内部化理论

科斯通过反驳"交易费用为零"的前提假设，开创了交易费用经济学研究的先河。交易费用经济学认为，企业的本质是市场的替代物，企业的存在使市场交易内部化，以节约交易费用。科斯认为企业和市场是两种不同但可以相互替代的交易治理方式。当企业内部交易的费用比由市场来完成时的费用更节省时，这种交易行为就"内部化"到企业中去；反之则由市场交易来完成。[②]在交易费用理论研究成果的基础上，英国里丁大学教授巴克利和卡森于 1976 年提出了内部化优势理论。该理论认为中间产品市场的不完全性才是企业统一管理经营活动，以内部市场取代外部市场的真正动因。企业对外直接投资的实质是基于所有权之上的企业管理与控制权的扩张，而不在于资本的转移。该理论回答了为何以及何时对外投资是一种比出口产品和转让许可证更为有利的经营方式。

---

① 程伟：《世界经济十论》，北京：高等教育出版社，2004 年。
② 杨齐：《企业国际化理论综述与研究展良》，《生产力研究》，2009 年第五期。

对于银行而言，战略一致、文化一致、信息共享、设备共享等优势使得联行往来的交易成本要远远小于两个银行间的交易成本。进而，当直接投资设点预期将产生的净收益大于对外代理行、参与行合作目前分得的收益时，银行就会采取直接设点的方式经营。

（三）国际生产折衷理论

约翰·邓宁于 1976 年提出的国际生产折衷理论被称为"国际直接投资通论"，该理论提出的三种优势：垄断优势、内部化优势与区位优势几乎全部涵盖了正常情况下（政治因素等非经济因素除外）企业对外投资的全部动因。前两者在前面已有提及，就区位优势而言，银行业的区位优势并不是一般的运输成本，而是指与本国或地区经济交往较为密集、人文社会相似的地区。另外，该理论认为，发展中国家对发达国家的技术引进并不是被动的模仿和复制，而是进行了创新，这种创新活动使引进的技术更加适合发展中国家的经济条件和需求，并与发展中国家的生产要素的价格和质量相适应，从而使发展中国家的企业在当地市场和邻国市场具有竞争优势。[①] 这恰恰是对银行业者均在国际性金融中心设点的最好解释。

（四）分散风险论

20 世纪 70 年代中期，马科维茨的证券组合理论演化出了分散风险理论，前期代表人物是凯夫斯 (R.E. Caves) 和斯蒂文斯 (G.V. Stevens)。该理论的核心论点是，在一定的预期报酬下，厂商追求风险最小化，对外直接投资多样化就是分散风险的结果。直接投资分为"水平投资"和"垂直投资"，前者通过产品多样化降低市场不确定，减少产品结构单一的风险；后者是为了避免上游产品和原材料供应不确定性风险。该理论的后期代表人物阿格蒙 (T. Agmon) 和李沙德 (D. Lessard) 对该论点做出了进一步表述，跨国公司是直接代表股东做出投资决策的，当外国证券市场不完善，不能满足股东个人投资需要时，跨国公司的直接投资就会出现。在这种情况下，跨国公司起到了分散风险的金融中介作用。分散风险论把证券投资与直接投资联系起来考察，把发展中国家证券市场的不

---

① 程伟：《世界经济十论》，北京：高等教育出版社，2004 年。

完善看成是跨国公司直接投资的另一个因素。20 世纪 80 年代以来，随着发展中国家证券市场的逐步完善，证券投资逐渐成了最主要的投资形式。这证明，直接投资与证券投资具有互补作用。

这一理论从风险性的角度解释了银行业借助对外投资实现资产多元化，进而分散风险的目的。同时也适当解释了银行业对外投资过程中采取参股、子行、分行、合资等不同模式的原因。当东道国证券市场完善时，银行会考虑参股、合资等模式进入。当然，就现实中众多规模较小的银行业者对外投资无法做到网点全面铺开的状况，这一理论解释力度有限。

二、解读银行业对外投资的阶段和条件

以上主流理论大多都有一个共同的前提，跨国企业通常都是资产雄厚、技术领先的特大型企业。然而，很少有台湾银行业者满足此前提要求。于是，有另外一些理论对现实中的小型跨国企业的相关活动开展研究予以肯定和支持。另外，不同的跨国企业对外布局策略不同，但会遵循一个基本规律。对于台湾银行业者而言，在这个基本规律中将结合自身情况做出取舍。

（一）企业国际化阶段理论

该理论是由一批北欧学者在 20 世纪 70 年代中期提出，他们认为企业的行为相对一致，都会沿着国际化学习曲线渐进地发展，因此把国际化分为若干个连续阶段的阶段，其中不同学者有不同的划分。一种是将其分为六个阶段：不愿意、不感兴趣、感兴趣、实践着、较有经验的小出口商、经验丰富的大出口商。Bamberger & Evers（1993）提出了一个五阶段国际化模型：第一个阶段为国内导向的企业，没有国际业务；第二个阶段为前出口阶段，国内市场接近饱和；第三个阶段为被动的国际化阶段；随着出口量的增加和其他国际经营方式的开展，如果企业对出口业务有良好预期、容易获得开展对外新业务的关键性资源、管理层愿意投入足够的资源到新的对外业务中去，企业就可以进入第四个阶段，即主动的国际化阶段；第五个阶段为投入的国际化阶段，此时，国际业务已经成为企业不可缺少的永久性组成部分，管理层不断地把资源在国内和外国市场之间进行分配。① 不难看出，该理论也同样适用于银行业对外投资的情形。第三、四、五阶段是分别对应的是联系代理参与行及初步对外设点、加速对外业务和设点、东道国或地区的本地化。

（二）天生的国际企业概念

由于还是一个新兴的领域，所以把它称之为概念而非理论。该领域的众多学者对企业必须以渐进的方式进入国际市场，历经阶段模型所建议的各阶段之后才能成为全球企业这一传统观点提出了挑战。主要解释有：随着全球通讯和交通设施的改善、贸易壁垒的不断降低和市场的日益同质化，"心理距离"的概念已经越来越不重要，相反利基市场的作用日益重要。随着市场的日益全球化，许多小企业面临着来自大型跨国公司的世界性竞争，不得不专门为一些较狭窄的全球利基市场提供产品；技术的发展使得中小企业能够较为经济地、小规模、多批量地生产高复杂度的产品，向全世界销售；小企业自身有其固有的优势，比如快速反应、灵活性等。尽管这些优势在某种程度上被资源较为缺乏这一劣势所冲抵，但这些有时还是促进了它们进军国际市场，并使它们具备了满足顾客不同需要的能力。

这一概念为资产规模小、技术竞争力弱的台湾银行业者提供了"国际化"的最佳依据，即凭借"小而美"的优势依旧可以在岛外生存，甚至综合竞争力高于资产规模庞大者。并且，当今信息技术让即便是尚未出岛的银行业者能够较为全面、深入的了解外部信息，准确的估计对外投资的规模、策略和绩效，进而跨过若干初期阶段，向更深层次的"国际化"迈进。换而言之，只要东道国或地区采取一定的政策优惠措施，如降低资产门槛，或在特定区域内实施更为优惠的准入门槛，规模较小的台湾银行业者有能力走一条特色发展道路。

（三）小规模技术理论

与天生的国际企业概念相似的，还有20世纪80年代美国经济学家威尔士针对性发展中国家的对外贸易和对外投资现象提出小规模技术理论。杨齐（2009）认为，该理论阐述发展中国家的企业拥有为小市场服务的生产技术，这些技术具有劳动密集型的特征，成本较低，灵活性较高，特别适合小批量生产，

---

① 杨齐：《企业国际化理论经综述与研究展望》，《生产力研究》，2009年第5期。

能够满足低收入国家制成品市场的需要。而发达国家跨国公司拥有的大规模生产技术在这种市场无法获得规模效益，发展中国家企业可以利用其小规模生产技术在竞争中获得优势。这一理论对台湾银行业对外投资同样具有现实的指导意义。作为新兴市场化地区，台湾银行业尽管在技术、服务、规模等方面与西方发达国家有一定落差，但在地理文化相似，金融水平欠发达的东南亚，台湾银行业仍然有一定的优势，这种优势将促进其争取东道国本地市场。

三、解读银行业对外分支机构的资产、负债管理策略

资产、负债管理是银行经营战略最直接的反应。西方商业银行的资产负债管理经历了三个发展阶段。首先是银行资产管理阶段。20世纪的50年代，西方商业银行的负债来源单一，存款利率受到严格限制，金融市场也不够发达，银行注重的是资产管理。其次是负债管理阶段，在20世纪的60年代，西方商业银行的资金来源出现了相对不足的局面，银行开始注意开发新的筹资渠道、监控存款与非存款型负债的组合与成本。其主要控制手段是利率与负债营销（通常称为揽储）战略。最后是全面资产管理阶段。20世纪70年代中期，当时西方商业银行面对金融市场价格的剧烈波动，不得引入诸多新技术，识别、计量、控制表内外头寸，控制利率风险、汇率风险等，实现资产和负债管理的综

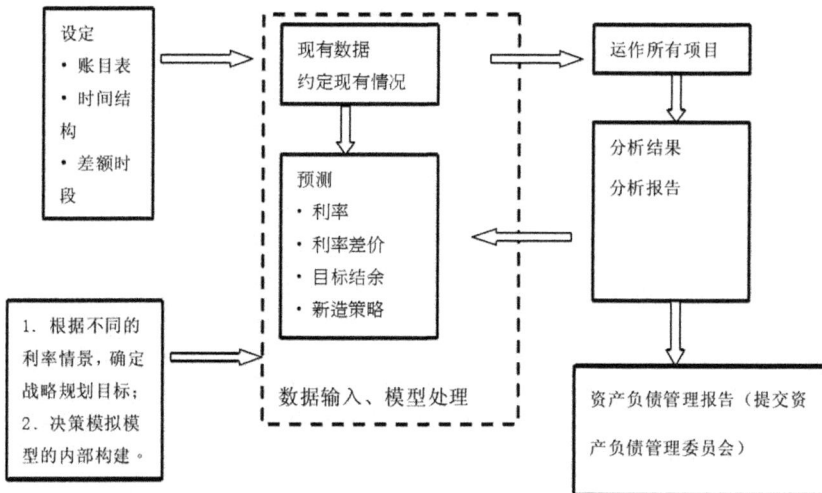

图 1.1：银行资产负债管理决策流程示意图

资料来源：冯鹏熙：《我国商业银行资产负债管理的实证研究》，华中科技大学，2006 年论文。

合平衡和科学管理。如图 1.1 所示，冯鹏熙（2006）绘制了具有代表性资产负债管理管理决策模型。现阶段，资产负债管理的内涵也分狭义和广义。狭义的资产负债管理主要是面向银行利率风险的管理。广义上，资产负债管理被赋予更高的地位，积极强调银行盈利性、安全性、流动性三个目标协调平衡。

在商业银行经历如上所述的三个发展阶段时，伴随产生了若干影响深远的资产负债管理理论。整体而言，这些理论都是在特定的经济背景下提出的，是对呼之欲出的银行经营战略转变进行论证或肯定，换而言之是"识时务"的顺势而为，具有很强的时代烙印。从单一到多元，从保守到开放，理论的发展越来越贴近复杂的现实社会。关于资产管理的理论主要有三个。产生于英国产业革命初期的商业性贷款理论，是最早、最经典的资产负债管理理论。该理论强调保守经营，在分配资金时应着重考虑保持银行自身的高度流动性，以短期的工商企业周转性贷款为主，并以真实的商业票据作为贷款的抵押，以便与较高比重的活期存款相匹配。由此，它成为短期贷款的理论基础。随后产生的资产可转换性理论，比前者有了一些进步，在强调流动性要求之外，认为银行在资金运用中可持有具有可转换性的资产，这类资产应具有信誉高、容易转让的特性，使银行在需要流动性时可随即转让它们，获取所需现金。[①] 这是目前证券投资的理论基础。与前两者一味地慎重对待流动性有所不同，预期收入理论的侧重点是借方的还款能力，认为贷款期限并非一个绝对的控制因素，只要贷款偿还是有保障的，银行通过各种期限合理组合，可以实现银行的流动性。该理论成为中长期贷款、信用风险评估的理论基础。关于负债管理的理论主要有两个。存款理论产生较早，基本观点是，存款能否形成最终决定于存款人的意志，银行相应地处于"被动"的位置。基于此，存款理论不赞成盲目扩大银行的经营规模，不赞成冒险去追求额外利润。它的这种稳健性与保守性使其成为最具正统地位的负债管理理论，经久不衰，成为如今金融监管的理论基础。随后产生的购买理论截然不同，它认为银行完全可以采取主动地负债、主动地购买外界资金的主动策略。同业金融机构，中央银行、国际货币市场金融机构以及财政机构，都可视作商业银行的购买对象。直接、间接地抬高资金价格是其主要手段。这一理论在当下实践中得到了最广泛的运用，适应了银行资产规模扩张

---

① 该理论被认为是由美国的莫尔顿于 1918 年在《政治经济学杂志》上发表的"商业银行及资本形式"一文中提出的。当时，第一次世界大战以后，西方国家开始大量发行公债，政府借款需求急剧增加，该理论应运而生。

的需要。当然附带的盲目竞争、忽视风险等使其并没有获得像存款理论那样长期而稳固的正统地位。

目前，资产负债管理多元化的观点已深入人心，上述理论都被实践者有取舍的采纳。学界的研究重心转向多元化运作的策略。其中，资金分配理论最为重要。它认为，商业银行在把现有的资金分配到各类资产上时，应使各种资金来源的流通速度或周转率与相应的资产期限相适应，即期限对称。那些具有较低周转率或相对稳定的资金来源应该被分配到相对长期、收益高的资产上，反之周转率较高的不稳定性存款则主要应分配到短期的、流动性高的资产项目上。目前，该理论被称为"久期理论"，被绝大多数国家和地区设计商业银行监管指标的重要依据。另外还有注重金融产品的销售理论。它认为银行是金融产品的制造企业，通过推销这些产品来获得所需的资金和所期待的收益。银行应当根据客户收入、职业、年龄、文化、生活习惯以及民族习性、社区特征、所处环境等的不同，去设计与开发新的金融产品，达到吸收资金与资产运用的目的。正因如此，它成为银行金融产品开发、混业经营的理论基础。[①]

本研究的第四章着分别从资产、负债两个层面探讨台湾银行业对外机构的经营策略。其中包括资产与负债增长的相互关系，主动负债对于期限对称的重要性，证券投资与传统放贷的关系等。第五、六章涉及了存款的重要性及揽储策略。上述理论都起到了基础支撑的作用。

四、解读东道国和地区金融环境变迁的影响

金融制度环境是银行业决定是否对外投资首要考虑的基础性条件，同时左右着银行业的经营效率。目前，关于这一问题的知名理论主要有金融深化论理论。

20世纪70年代，为摆脱凯恩斯主义经济政策的窘境，主张放松管制的新自由主义政策成为发达国家金融改革的主流。罗纳德·麦金农和爱德华·肖提出的金融深化理论奠定了金融自由化的理论基础，由此揭开了世界各国，特别是发展中国家以金融自由化为主要内容的金融改革的帷幕。麦金农根据经济发展程度来区隔金融自由化的内涵，他认为发展中国家的金融自由化就是以金融深化或金融发展为主要内容的金融体制改革，而发达国家金融自由化就是陆续地放松种种金融管制。其次他提出了自由化的四个步骤：降低进口贸易的关税壁

---

① 崔滨洲：《论商业银行资产负债优化的资本约束》，《中国软科学》，2004年第95期。

叁，让贸易交易的价格机制能有效发挥；放宽金融机构市场准入，建立多层次、多元化的资本市场，让储蓄者与投资者有良好的中介管道与资金运用途径；利率市场化，促使资金的供给与需求趋向平衡；放宽外汇管理，汇率基本上由外汇市场的供需决定，进而放开资本账户限制，促使境内外资本自由流动。该步骤契合了20世纪70年代末东山再起的古典经济学理论，在国际层面已有广泛的实际运用。很多国家或地区正是这个时候对外开放金融市场，如后续将会提到的东南亚各国，由此部分成就了台湾银行业对外布局。各国或地区的开放水平左右着银行业者的投资决策，如后续提到的商业存在形式、股权模式等。

1.4 研究脉络、难点与不足

一、研究脉络

基于上述对文献与理论的分析与归类，本研究的基本脉络是：勾勒台湾银行业对外投资全貌，并汲取有用的信息作为台湾银行业对大陆投资研究的依据。接着对大陆金融生态环境做通盘的分析比较，估计可能会出现的问题。

在顺序上，本研究依照台湾银行业对外投资顺序，将研究对象划归为非大陆地区与大陆地区两个部分，后者是前者的延续，前者可作为研究后者的真实素材。在前者的研究中，一方面阐述资金情况，包括商业存在形式、网点布局与股权结构等，资料具体到各个业者，勾勒对外投资的空间概貌；另一方面，阐述资金状况，包括规模、策略与绩效等。在后者的研究中，由于实质性的经营才初步展开，因此对研究目的与内容的选取与前者大为不同，毕竟前者是对既有事实的展示、分析，而后者大多是对未来的预判。因此，先是动态地论述了台湾银行业所面临的大陆金融体制环境与两岸政策制度环境，在此基础上结合对台湾银行业、台商等各种经济金融现实的认知，分析台湾银行业已经面临及将要面临的制度、现实瓶颈，并提出相应的政策建议。

二、研究难点与不足

这项研究最大的难点与不足在于两个方面：其一，受制于篇幅和数据相对有限，本研究的研究深度不足。客观上，由于它涉及了多个国家和地区，货币金融环境迥异，难以使用量化分析方法深入探讨指标之间的关联性。主观上，台湾银行业对外投资的数据统计还不充足。数据主要来源于台湾"中央银行"和各银行的年报。在前者的统计口径中，对外分支机构和OBU合并统计。众所周知，在地业务和离岸业务尽管都是对外业务，但是二者的差别相当大，本应当分开统计。由于没有监管权限，对外子行的数据并没有纳入"中央银行"的统计范畴中。在银行年报中，关于子行的数据也十分少，均是与岛内母行以合并报表的形式出现，绝大部分指标难以剥离。另外，文字材料也非常少，关于对外分支机构和子行经营情况的信息较少。因此，研究覆盖面广、数据不尽完善等主客观原因使得本文无法形成既全面又系统和严密的分析，有"支离破碎"之感。

其二，台湾银行业对外投资是一个持续动态的过程，对它的研究耗时耗力，既需要深度挖掘历史素材，又需要紧跟时事，持续追踪。这意味着，本研究的时效性很强。随着数据不断更新，从更上的时间跨度去审视研究对象，研究的结论和观点将面临被修改，甚至是被否定的可能。另外，由于是开创性研究，研究成果有限，论述缺乏共识性观点的支撑。本研究的很多观点都是笔者自己摸索的结果，理论方法、技术工具掌握有限，无法进行更深入、更全面的分析。

第二章 台湾银行业对外投资的内外环境

行为是环境的产物。从地缘的视角看，银行业对外投资既受境内经济、金融环境驱动，也受境外金融市场开放的规制与约束。突发事件和国际性制度创新也成为另一重要的外生变量。为了能够更加深刻和客观的理解台湾银行业对外投资的种种表现，本章致力于全面的、动态的展现研究对象所处的环境状况，借助详尽的数据、图表作为有力的佐证。从内容上，本章包含了岛内重要的经济金融信息，如制造业状况、进出口状况、居民财富状况、对外直接投资状况等等。在时间跨度上，囿于各种客观因素，本研究无法做到数据期限的统一，大部分为 20 年或近 20 年的数据，小部分为 50 年的数据。尽管如此，通过定性的、已得到普遍共识的文字描述可以适当地弥补数据缺陷。在本章第二节，本研究挑选了台湾银行业者对外重点布局的国家或地区，阐述其金融市场准入的进程，尽可能地展现台湾银行业对外投资过程中面临的东道国因素，东道国金融开放政策偏好对台湾银行业经营状态的规制或引导等。最后，将国际性、区域性的突发因素纳入研究范畴，正视其造成的跨区域洗牌效应，尤其是对台湾银行业对外投资的深远影响。

2.1 台湾银行业对外投资的岛内因素

一、产业转移与升级是银行业对外投资的首要因素

1949 年，国民党败退后，为站稳脚跟、稳定民心，汲取大陆时期的失败教训开始深耕岛内经济金融建设。20 世纪 50 年代，当局面临岛内物质匮乏与外汇储备相对紧缺的双重窘境，采用了以发展劳动密集型轻工业为主要内容的进口替代战略，重点发展电力、肥料、制糖、农产品加工等四大产业，培育了纺织、木材、皮革等消费品工业，初步建立了炼油、水泥、金属及化学等原材料工业。台湾工业的恢复与发展，在很大程度须归功于 1951 年至 1965 年间的美国对台经济援助。

在 1957 年美国《共同安全法案》修正前，美援主要体现为免费提供大量物资，涵盖民生日用、教育卫生和军事防卫等，以弥补岛内供给不足。1957 年该法案修订，增设"开发贷款基金"，改用贷款办理发展各项工矿建设，美国剩余农产品的采购也从赠予性援助逐步转向贷款性援助。贸易上，当局主动限制消费品的进口，鼓励机械设备与原材料进口，选择有盈余的农产品和农产加工品出口。其中，美国和日本分别是台湾地区最大的出口市场和进口市场。这一时期在台营业的银行不多，大多是日据时期存在的银行，包括台湾银行、合作金库和土地银行等经过改制后的银行，以及彰化银行、华南商业银行和第一银行等成立于日据时期的省属民营银行。[①] 这一时期，这些银行分别负责农业融资、工商业融资、平民融资以及美援运用，均以深耕岛内市场为主。

1962 年，随着美援即将终结以及国民经济的恢复，同时顺应世界经济的繁荣和国际分工模式的调整，当局正式实施著名的出口导向型经济发展战略，创设加工出口区，积极开拓国际市场，实现产业结构从农业主导转向工业主导。"十九点财经改革措施"作为这一时期最为核心的经济发展纲要，内容包括经济发展、预算、金融及外汇贸易等四大类，建立了鼓励出口扩张的对外贸易机制。尤其在金融体系的改革方面，提供了新的蓝图，对日后台湾金融发展指引出重要的方向。这一时期，建立了"中央银行"制度，对于办理存放款业务的机构一并纳入银行系统受代理"央行"的台湾银行控制，建立资本市场，协助成立中华开发信托公司，批准台湾交通银行、台湾中国银行、台湾上海商业储蓄银行等大陆时期公营、专业银行在台复业。整体而言，出口导向战略实施的 20 年里，台湾银行业鲜有对外投资。在为数不多的对外分支机构中，极少部分是南京国民政府时期遗留的产物，还有是为了日益增长的外贸和外汇储备服务。相反，为铺设后美援时期资金管道，当局开放外资银行和华侨银行进入，如日本劝业、美国花旗、泰国曼谷、华侨商银、世华商银等。

20 世纪 70 年代末，在历经两次石油危机后，低能源价格时代结束，工资不断上涨，劳动、能源密集型出口产业在台湾逐渐失去比较利益。当局随即于 1979 年制订"经济建设十年计划"加速整体工业升级，腾笼换鸟，积极发展机

---

① 台湾银行系日据时期的株式会社台湾银行，是当时的土地银行系在台的日本劝业银行改制。合作金库的前身是日据时期的"台湾产业金库"。华南商业银行是 1919 年由本省商人创立，原名株式会社华南银行。第一银行是由四家民营银行先后于 1899 年、1911 年、1923 年合并而成；彰化银行由台湾土绅于 1905 年发起成立，最初总部位于彰化县。台湾对历史悠久的这三家民营银行统称为"省属三商银"。

械工业与电子资讯工业。20世纪80年代中期更是提出了经济"'国际化'、自由化、制度化"的发展方针。台湾厂商面对岛内生产成本的上升以及新兴国家和地区低成本的优势，开启了台湾制造业对外直接投资的浪潮。1952年至1986年，经"经济部投审会"核准的对外投资金额仅有2.3亿美元。单就1987年，全年核准的对外投资金额便达到1.03亿美元，此后1988年2.19亿美元，1989年达9.31亿美元，1990年再提高至15.52亿美元。如表2.1所示，这一时期的产业转移即为学界所熟识的轻纺为代表的劳动密集型产业的转移。另一方面，台湾厂商以产业升级的方式，在岛内生产高附加值的产品。如图2.1所示，1987年之后的10年，台湾整体制造业产值年增率在5%上下徘徊，个别年份出现负增长。ICT业作为当局重点扶持的策略性产业，除个别年份外，其产值增长率均远高于整体制造业产值增长率。在1989至2001的12年间，IT制造业的年增长率呈现连年上涨。正是在这段时期，即1988年台湾当局开始鼓励台湾银行业对外投资，台湾银行业排名靠前的银行业者鉴于形势的需要纷纷对外设点。

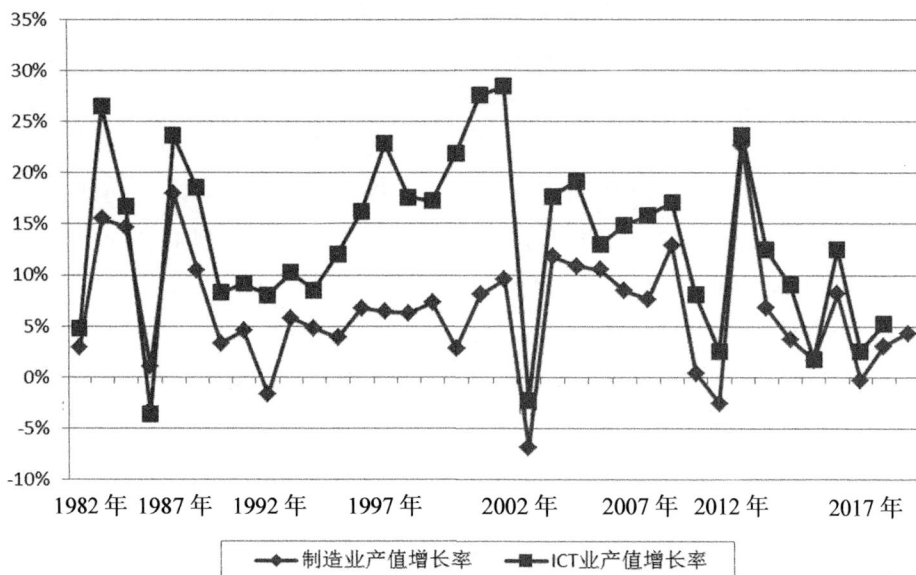

图 2.1　1982—2017 年间台湾岛内制造业、ICT 业产值增长率

注：截至完稿之日，尚未获得 ICT 产业的 2017 年数据。

数据来源："行政院主计处"，"台湾各类生产毛额（2008SNA）—1981~"，本研究整理，2018 年 7 月。

表 2.1　历年核准制造业对外投资分年分业统计表

单位：百万美元

年度	总额	食品及饮料	纺织	成衣服饰	皮革及制品	木竹制品	纸浆及制品	印刷及储存	油煤制品	化学材料	化学制品	橡胶制品	塑料制品	非金属矿物	基本金属	金属制品	电子零件	电脑及光电	电力设备	机械设备	汽车及零件	其他运输	家具	其他
1991	1513	43	491	0	0	209	8	19	4	84	0	0	404	247	0	4	0	0	0	0	0	0	0	0
1992	780	27	108	0	0	131	7	1	5	142	0	0	305	48	0	6	0	0	0	0	0	0	0	0
1993	881	14	87	9	1	0	111	0	0	308	1	0	7	24	2	19	16	75	20	4	1	171	11	0
1994	552	65	44	26	6	1	6	0	0	17	1	1	3	30	0	44	198	75	18	3	0	7	0	7
1995	577	33	119	21	6	31	3	0	0	62	8	1	8	42	0	14	74	103	21	6	0	16	3	6
1996	648	26	59	14	62	2	1	0	0	13	8	0	8	82	14	58	73	111	69	2	2	11	20	13
1997	950	56	70	22	4	1	1	0	0	18	7	5	7	17	2	111	177	317	47	15	2	64	1	6

续表

年度	总额	食品及饮料	纺织	成衣服饰	皮革及制品	木竹制品	纸浆及制品	印刷及储存	油煤制品	化学材料	化学制品	橡胶制品	塑料制品	非金属矿物	基本金属	金属制品	电子零件	电脑及光电	电力设备	机械设备	汽车及零件	其他运输	家具	其他
1998	1001	56	68	20	0	0	2	0	0	49	6	0	7	2	0	84	195	229	107	24	4	43	101	4
1999	935	1	52	48	1	0	0	0	0	12	1	0	5	4	1	18	456	224	74	4	8	21	0	5
2000	906	4	14	26	1	1	0	0	0	27	4	0	22	13	1	29	376	225	47	2	16	96	0	2
2001	1704	3	39	13	5	0	1	0	0	53	4	1	10	3	6	3	1246	212	11	6	16	67	1	4
2002	809	35	19	25	5	8	1	0	0	49	10	3	14	1	2	27	241	293	38	3	8	22	4	1
2003	711	22	92	19	30	1	0	0	0	68	4	11	9	0	84	6	135	131	47	11	6	4	2	29
2004	1474	2	43	7	20	0	0	0	0	40	5	11	7	4	0	12	1016	153	16	17	97	21	1	2
2005	639	23	23	11	31	0	0	1	0	13	0	7	7	6	5	58	208	110	72	29	9	15	0	11

续表

年度	总额	食品及饮料	纺织	成衣服饰	皮革及制品	木竹制品	纸浆及制品	印刷及储存	油煤制品	化学材料	化学制品	橡胶制品	塑料制品	非金属矿物	基本金属	金属制品	电子零件	电脑及光电	电力设备	机械设备	汽车及零件	其他运输	家具	其他
2006	1500	9	35	15	0	0	4	0	5	269	5	0	28	1	5	41	927	50	52	14	5	21	1	13
2007	1511	15	63	0	1	0	0	0	1	59	8	8	8	8	27	115	420	470	71	201	8	23	1	4
2008	1876	13	93	31	15	2	3	18	8	26	5	3	4	11	451	84	903	68	21	70	26	17	1	3

资料来源：林惠玲：《台湾制造业对外投资、全球化与产业升级》，"行政院主计处"，2009年12月。

20 世纪 90 年代中期之后，轻纺业和重化工业相继迁出（如表 2.1 所示），大陆成为广大台商投资热土。台湾策略性制造业逐渐步入成熟，尽管在产值中依然占据不小份额，但增长力道有限，2001 年之后也开始大批向大陆以及东南亚国家转移。历经三波产业转移之后，台湾俨然转型为以服务为主导的成熟经济体，出现了岛内产业空洞化现象。这一时期，台湾银行业开始大举进行对外投资。在两岸尚未开启金融合作之时，台湾银行业已通过各种渠道进入大陆市场。

不仅对外直接投资总额是衡量台湾产业转移最直观的指标，岛外直接投资也是衡量台湾产业升级的最直观指标之一，这两项投资的增长与台湾银行业的对外投资是分不开的。就前者而言，从经济地域上看，投资北美地区的厂商主要是为了获取高技术或占领美国市场；投资东南亚地区的厂商主要是利用当地的自然资源和劳动力资源；投资大陆的厂商主要是为了利用劳动力与土地资源。贸易盈余的增加在客观上促使了当局放松外汇管制，客户经济地域的迁移与岛内资金充裕的矛盾逐渐凸显，台湾银行业开始对外投资。密集的台湾银行业美国网点就是最好的例证。就后者而言，基于制造业厂商的岛内外双重策略，台湾银行业对外投资的战略意图不尽相同。以"交通银行"（2006 年并入兆丰国际商业银行）等公营银行为例，赴外如美国硅谷设立分行，除了搜集国际金融市场资讯及发展国际金融业务的纯商业目的外，还有加强与美国众多科技公司的业务联系，引进新科技工业到台湾的政策意涵。从官方统计数字上看，如图 2.2，20 世纪 80 年代末期开始台湾对外投资迅猛增加，历年投资额均高于外商赴台投资。1989 年，台湾对外投资额高达 70 亿美元，这一历史性新高直到 2004 年才被超越。从某种意义上说，80 年代末期的第一次对外投资热潮刺激了台湾银行业扩大对外布局，不断增长的对外投资背后正是台湾银行业最大的市场利基。

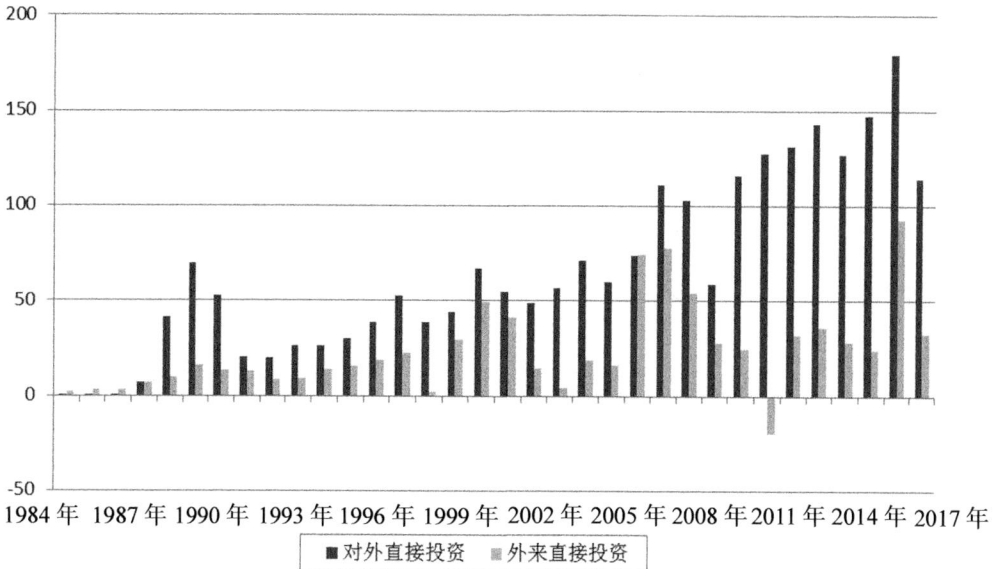

图 2.2　1984—2017 年台湾对外、外来直接投资规模

注：由于数据来自"'国际'收支细表"，并未做大陆与非大陆地区的区分，因此是除台澎金马之外其他地区的总体数据，且仅更新至 2013 年，下同。

数据来源：台湾"中央银行"，"'国际'收支细表"，单位：亿美元，本研究整理，2018 年 7 月。

二、对外贸易与民间资金流动是银行业对外投资的重要因素

服务于本国或地区的对外贸易是银行业对外投资的首要动机，相应的产品形式有买卖方信贷、信托证、托收代收、进出口汇款等。如图 2.3 所示，1984年至今台湾对外贸易基本呈现持续上升的局面，一般商品进出口平均年增长率高于 10%，个别年份增长率达到 40%。进出口总额和年增率基本同步和一致，这意味着台湾银行业对外服务市场较为广阔，不仅仅局限于出口贸易，进口贸易也存在很大的市场空间。

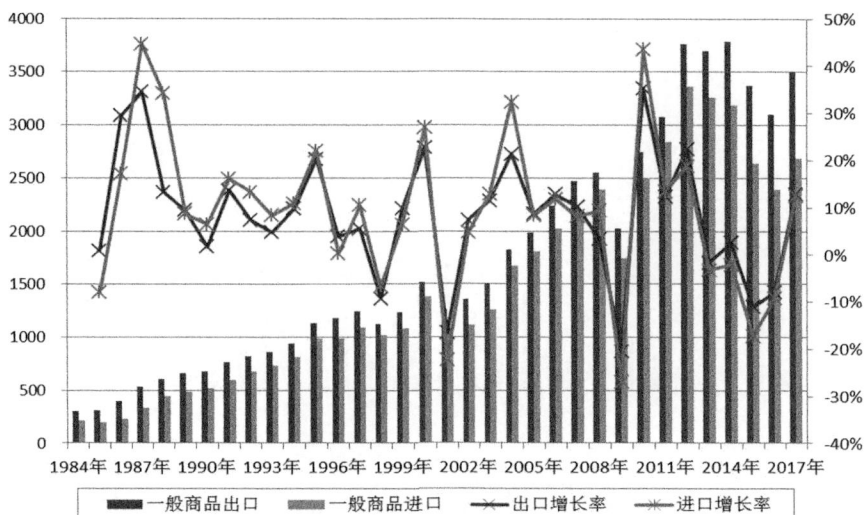

图 2.3 1984—2017 年台湾一般商品进出口及增长率

数据来源：台湾"中央银行"，"'国际'收支细表"，单位：亿美元，本研究整理，2018 年 7 月。

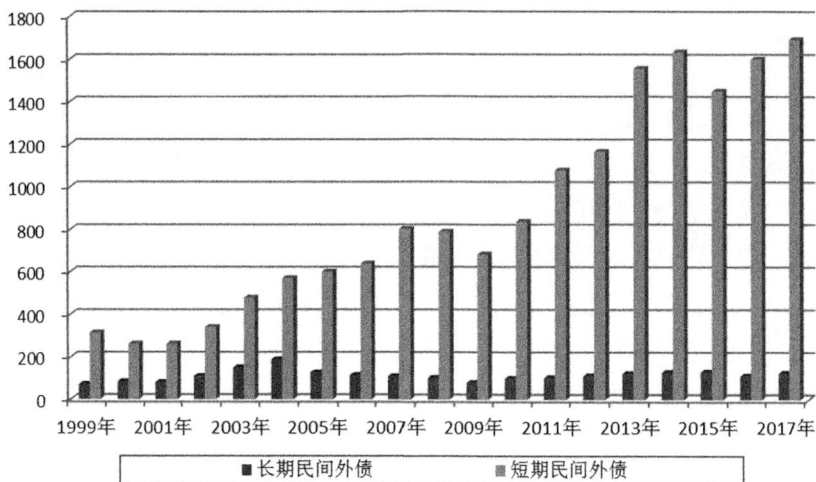

图 2.4 1999—2017 年底台湾民间外债余额

注：长期外债系指期限超过一年以上的居民对非居民的债务。短期外债则指一年（含）以下的债务。资料来源：台湾"中央银行"，台湾"外债"统计，单位：亿美元，

本研究整理，2018 年 7 月。

　　从民间外债的变化中也能够体现台湾银行业对外投资的功能和作用以及未来发展的方向。如图 2.4 所示，近 10 年来台湾短期民间外债呈现持续增长，2017 年已经超过了 1600 亿美元，为 2001 年的 6 倍。本研究认为这是贸易信贷和金融机构境外短期融资两股力量造成的。就前者而言，通常情况下，出口导向型经济体的贸易信贷增长对于短期外债增长的贡献度高达 50% 以上，甚至达到 70%—80%，台湾外贸进出口的增长带动了与之关联度大的贸易信贷上升。相反，长期外债一直保持在较低水平，最高不逾 200 亿美元，多数年份维持在 100 亿美元以下，在一定程度上说明了十余年来台湾并不缺乏生产投资用资金。总之，无论是进出口贸易还是由贸易衍生出的贸易信贷都是台湾银行业最为重要的利基。另外还有居民（包括企业）不断增长服务贸易需求。如图 2.5 所示，台湾服务贸易支出多于收入，其中，20 世纪 80 年代中期至 90 年代中期，服务贸易支出基本保持 10% 以上的增长速度。近几年来，服务贸易支出又开始大幅上升，目前已达 500 亿美元。这充分说明，台湾民众、企业及其他社会组织借由对外投资、贸易、人员往来等途径消费的涉外服务相对较多，客观上增加了对台湾银行业对外投资的市场需求。

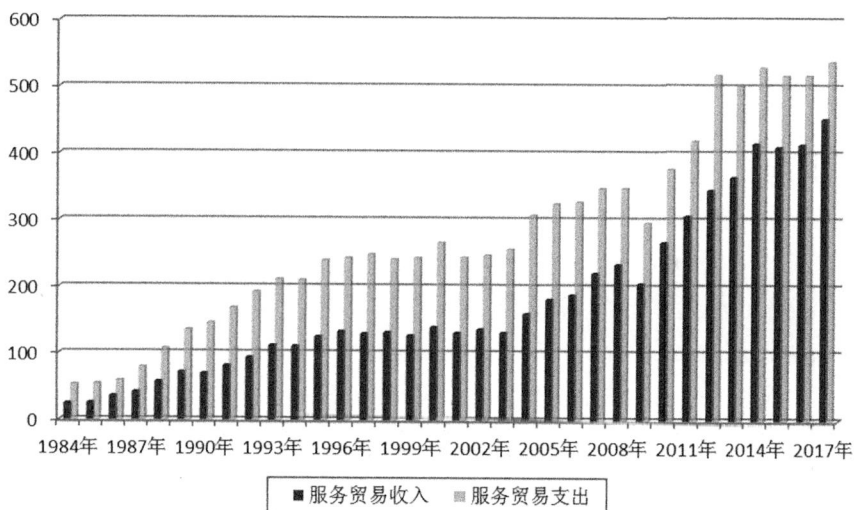

图 2.5　1984—2017 年台湾服务贸易收支及增长率

注：服务贸易包括运输、旅行和其他三个子项目，其他项下包括金融保险、通讯、

文化休闲等。数据来源：台湾"中央银行"，"'国际'收支细表"，单位：亿美元，本研究整理，2018 年 7 月。

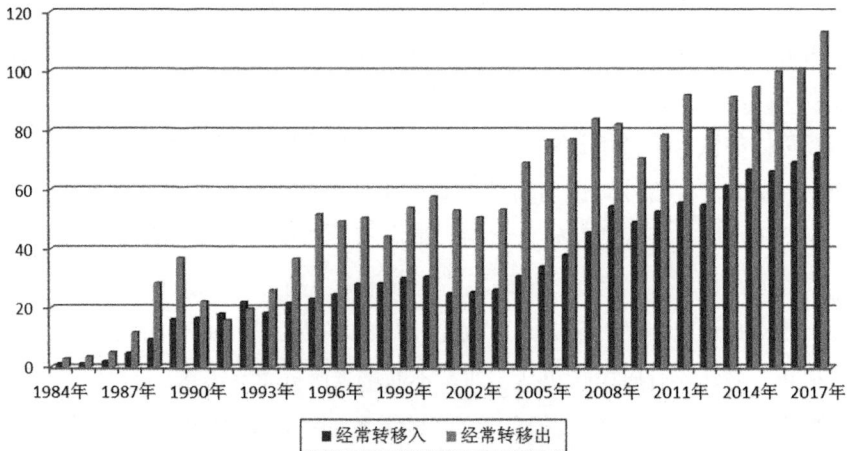

图 2.6 1984—2017 年台湾非"政府部门"经常转移

注：经常转移项下包括"政府部门"和非"政府部门"。由于"政府部门"经常转移数额较小，年平均额低于 1 亿美元，且多为政治因素，非市场化行为，故不纳入本图表统计范围。

数据来源：台湾"中央银行"，"'国际'收支细表"，单位：亿美元，本研究整理，2018 年 7 月。

与居民个人社会生活息息相关的还有经常转移与移民转移。如图 2.6 所示，至 20 世纪 90 年代开始，经常转移和移民转移从无到有。其中，整个 90 年代是台湾移民转移的热潮，以此渠道转移资金累计达 40 亿美元，1995 与 1996 年每年移民流出金额达 6.5 亿美元，为历年最高水平。同时，除个别年份外，经常项下资金流出额远多于资金流入额。台湾银行业岛内外投资作为资金出入以及后续金融服务需要的中介，扮演着十分重要的作用。

三、金融生态环境的结构性转变是银行业对外投资的关键因素

（一）台湾金融体系变化所导致的金融生态环境变化是银行业对外投资的另一重要背景因素

1949 年后 40 年间台湾银行业一直处在当局严格管制之下，成为当局实施

经济政策的重要工具。20 世纪 60 年代初期，为缓解岛内生产建设资金的不足，着手开放外资银行和侨资银行进入，建立吸收境外资金的管道。"十大建设"时期，当局对民间和华侨开放新设了 8 家信托投资公司经营准银行业务，将光复期间的民营合会储蓄公司改制为各区民营中小企业银行。整体上看，这一时期台湾银行业以公营银行为主，伴随着清晰、明确的政策目标，深耕岛内经济。20 世纪 80 年代中期，金融自由化作为"三化"方针的重要内容拉开了台湾银行体系结构性调整的序幕。

1989 年，当局修订"银行法"，准许新银行设立。1990 年，颁布"商业银行设立标准"接受新商业银行设立申请。1990 年，"财政部"修订外商银行管理办法，每年的外资银行数由 2 家增至 3 家，并放宽了业务及区域限制。1993 年，发布"外国银行设立分行及代表人办事处审核准则"，此后准则不断修订，直至 1997 年外商银行与岛内银行已无明显差异。不仅如此，当局鼓励信托投资公司、各区信用合作社和中小企业银行改制成为商业银行。1992—1998 年间，台湾"财政部"批准成立了 16 家民营银行，8 家信用社、2 家信托公司改制为商业银行，并使得台湾本地民营银行数量迅速超过了公营银行。至此，台湾银行体系由供不应求急转向供大于求。如图 2.7 所示，1994 年至 2001 年间，台湾银行业逾放比率不断攀升，侧面反映出急剧变化的金融市场环境迫使银行降低信贷门槛，以信用风险为代价维持日益削弱的市场份额。不断提高的网点密集度使得行业竞争趋向白热化，台湾银行对外投资成为必然。与此同时，公营银行民营化的工作全面展开。

1991 年，当局修订公布"公营事业移转民营条例"，次年公布"公营事业移转民营化条例施行细则"。20 世纪 90 年代末，"三商银"、台湾中小企业银、台湾中国农民银行、台湾交通银行、台北银行、高雄银行等相继完成民营化。2002 年，当局进一步降低公股比例至 20% 以下。目前，尚未民营化的公营银行仅剩下台湾银行（2006 年主并"中央信托局"）、土地银行与中国输出入银行。公营银行的民营化尽管不够彻底，营运管理也未彻底摆脱官僚作风，但不断提升的非政府部门持股比例让这些银行逐步摆脱了行政干预，降低了经营的政策性意涵，朝向自负盈亏、市场化经营的方向迈进。更为直接地说，公营银行民营化解除了对外投资会面临的各种低效的行政管制和不合理的行政束缚。21 世纪伊始，台湾颁布了"金融控股公司法"，并尝试通过"二次金改"减少银行的家数，扩大银行的规模，以增强银行的竞争力。台湾的银行机构数量从高峰期

1997 年的 491 家降至 2017 年的 401 家。① 其中，一般商业银行数量在 2000 年之前持续不断增加，2001 年之后从顶峰的 47 家削减合并后降至 38 家，平均规模扩大。尽管如此，市场占有率超过 10% 的"大银行"仅有台湾银行一家，14 家金融控股公司丝毫未动，白热化竞争的态势丝毫未减少。

从资金的运用上看，1988—1997 年，策略性产业——电子信息工业逐步壮大。在策略型工业的带动下，岛内融资需求旺盛，主要金融机构的存贷比不断提升。1998 年之后，产业转移的规模越来越大，产业空洞化现象凸显，存贷比出现直线下滑的局面。接近饱和的现实与开放新银行设立，加大金融服务产品供给的政策导向背道而驰，侧面反映出台湾岛内银行业面临着市场竞争激烈与市场规模萎缩的双重困境。为资金寻求运用途径成为银行业急于对外投资的内在动因。

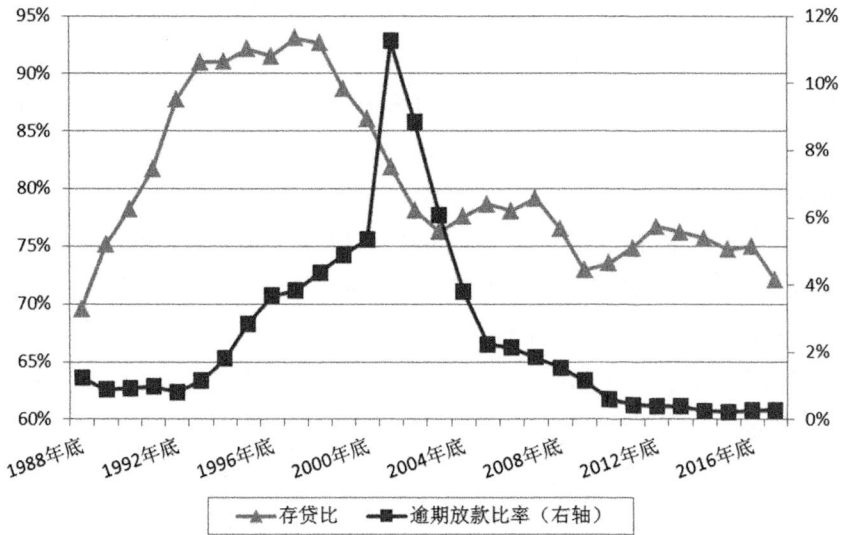

图 2.7　1988—2017 年台湾银行业全行逾期放款比率及存贷比

注：逾期放款比率是针对台湾岛内的法人银行，包括台湾本地银行、外资银行在台子行，1993 年起增加了 OBU 与对外分行资料。存贷比则针对全体货币机构，即在前者的基础上增加了境外银行在台分行、信用合作社、农会信用部、渔会信用部、台湾中华邮政公司储汇处。此处是广义的贷款，包括狭义的银行贷款和银行证券投资两个部分。

数据来源：台湾"中央银行"，本研究整理，2018 年 7 月。

---

① 这里的银行机构包括从事准银行业务的，主营业务相似的机构，包括一般银行、外资银行、信合社、农渔会信用部和台湾中华邮储。

（二）作为银行盈利最为重要的指标存贷利差近年来呈现不断下降，使得本地银行在应对激烈竞争的同时雪上加霜

存贷利差是银行业盈利状况的重要风向标，台湾银行业对外投资规模的大小会受到岛内外货币政策的影响。一般而言，岛内利差若远高于岛外市场利差，意味着银行业对外业务不如境内业务盈利高，进而银行对外投资规模萎缩，岛内投资回流增加。反之则会适当扩展其对外业务。台湾光复初期，当局为恢复岛内生产，于1949年颁布了"黄金储蓄存款"办法，次年3月又颁布了"优利储蓄存款"，借此吸收社会资金，抑制通货膨胀并为生产建设筹集资金，也开启了台湾银行业高利率时代。从1961年"出口导向战略"的提出时，台湾基准贷款利率均维持在10%以上，最高可达16.2%。此后，利差在总体上体现为不断下降的态势。与外资银行在台分行降幅较大，30多年降低了8个百分点有所不同，台湾本地银行在30多年间平均利差的降幅最小，仅仅降低了3个百分点。如图2.8所示，在1992—2002年的10年里，本地银行的平均利差相对其他类型银行都要低，维持在3%上下轻微浮动。2002—2009年间，本地银行的平均利差再次下挫，从期初的3.3%降低至1.1%。由于不同类型的银行在客户群体上存在区隔，迥异的平均利差意味着不同类型的银行所面对的市场竞争程度不同。本地银行在激烈的竞争下只能凭借庞大的资产负债规模走"薄利多销"的盈利模式。2009年之后，外资银行在台分行的利差下降得更为明显，平均利差低至0.5%，与21世纪初接近6%的利差形成鲜明对比。近年来，外资法人银行和外资银行分行大量裁撤在台湾的分支机构。例如2009—2018年6月，渣打国际（台湾）裁撤了29个分行。又如新加坡星展（台湾）则在2012年一次性裁撤了39家分行。澳盛（台湾）、汇丰（台湾）、花旗（台湾）等其他3家外资法人银行以及比利时商富通银行、澳商澳洲新西兰银行等外资银行在台分行都纷纷裁撤在台湾的分支机构。外资银行收缩网点的行为折射出岛内金融市场不容乐观的状况，这也意味着台湾银行业对外投资的紧迫性逐步加大。对外投资已经成为台湾银行业无法逃避的选择。

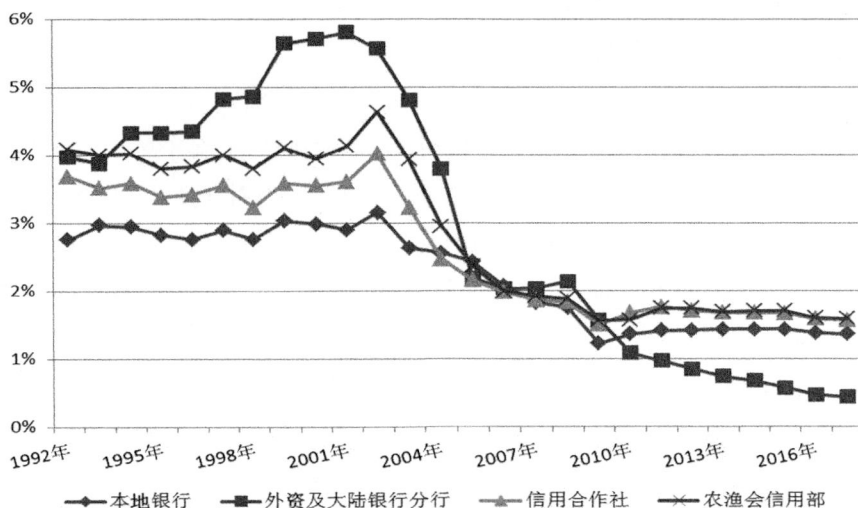

图 2.8　1992—2017 年台湾各类银行加权平均存贷利差

数据来源：台湾"中央银行"，本研究整理，2018 年 7 月。

2.2 台湾银行业对外投资的岛外因素

对于在东道国和地区设立机构，台湾当局并未有大多规制。1994 年 1 月，"金管会"出台"'本国'银行设立'国外'分支机构应注意事项"（以下简称"事项"）。作为台湾为数不多的涉及银行对外投资的"法令规章"，就台湾银行业者申请设立办事处、对外分支行、子行、合资银行做出规定，包括审核的时间、风险管理水平、提交的材料等，是业者对外投资的首要依据。[1]通过对"事项"进行分析，可以发现当局在审核银行业对外投资中，有几个特点：其一，审核高效。申请书提送后 20—30 个工作日内便有回复，回复的形式简单，即"未表示反对者，视为已核准。"其二，门槛不高。目前主要满足 3 点：设立对外盈利性机构之前，银行成立"国外部"的年限不得低于两年。若只是申请设立办事处，则"国外部"成立一年就够。申请前半年底的资本充足率超过监管要求的 2 个百分点。备抵呆账提列达标。其三，管制不多。"事项"中提

---

[1]　涉外业务和岛内业务一样，受到"金管会"和"中央银行"的双重领导。前者侧重于行政审核，后者侧重于业务管理。

到，"'国外'分行配合当地金融法规与商业习惯办理之各项银行业务，如有不符'我国'金融法令规定者，应事先报主管机关核准。"由此看出，台湾金融主管部门对于对外分支机构的在地业务约束较少。对外分支行所面临的规范和约束大多出自投资布局所在的国家和地区。对设立岛外分支机构数及地点原则上不予限制。2001年3月，"金管会"出台了"'本国'银行派驻'国外'分支机构负责人应具备条件之规定"，对外派负责人的语言能力、学历背景、专业履历等做出较为严格和具体的要求，但这项规定在实施了1年零2个月后就被废止。

金融业的特殊性使得所有国家和地区都表现出金融业对外开放远远滞后于实业对外开放的现象。台湾银行业者对外投资无法单纯根据市场需求而定，很多时候与东道国和地区金融市场开放程度、自由化程度有着很大的关系。凌江红（1997）认为，关贸总协定/WTO中关于金融服务贸易的法律规范固然确立了市场准入的国际准则，但这只是回答了"应当"给予市场准入的问题，而最具体的关于外资银行市场准入的限制、条件、资格与程序等等都留给了各国以承诺表的方式自行设定，这就必定仍会出现种类繁多、形式各异的市场进入壁垒，更何况未加入组织的国家和地区。目前，各国和地区在对待外资银行市场准入的政策原则上以有限度的保护主义最为普遍，发展中国家和地区在市场准入的标准与条件上较发达国家更为严格。整体上体现出明显的开放金融市场与放宽进入"通道"的趋势。以下将台湾银行业投资的主要国家和地区的金融开放政策进行梳理，由此便于更好的理解台湾银行业在当地布局的过程中所展现的经营状态和对策。另外，由于台湾当局对两岸金融往来业务另有规定，因此台湾银行业对大陆投资的业务将在第五章详细论述。

2.2.1 北美市场准入与台湾银行业投资情况

一、美国

美国是大多数国家和地区银行业者对外投资的首选地，主要原因包括：美元融资、资产组合、追随客户、追随对手和企业成长。对于各国和地区政府而言，美元作为关键的储备、清算货币，公有银行赴美国设点为经济金融政策所必须。就台湾银行业而言，具体原因包括：1. 美国对外开放程度高且采取互惠原则，通过向美国开放岛内金融市场，台湾金融机构至美国申请设立较无阻碍；2. 美国与台湾投资贸易密切，台籍移民众多（大多集中于加州、洛杉矶一带）；3. 英语，台湾人适应快；4. 在纽约国际金融中心，学习资金调拨技巧和新金融产品。当然，激烈的竞争使得市场获取不易；金融创新程度高将导致业务水平较难同步；相对较高的物价水平推高各项营业成本等是台湾银行业赴美投资面临的主要问题。

1863 年，美国的联邦银行制度开始包含自由银行概念，一批新银行在各州设立。20 世纪 30 年代，美国启动金融改革，此后银行变成了一个受到保护的行业，如规定本土银行不能跨州设立分行，不能经营证券业务。^① 然而，1919 年出台的《埃奇法》却让外资银行拥有了本土银行所不具备的跨州经营的政策优势。^②20 世纪 70 年代始，大批外国银行追随其本国客户接踵而至，推动美国在 1978 年出台《国际银行法》（简称 IBA），规定美国境内外银行享有相同的权利和义务，削弱了过去能得到种种优惠待遇。此后，1991 年的《外资银行监管加强法》（简称 FBSEA），1994 年的《州际银行和分行效率法》（简称 IBBEA），2003 年的《最终规则》（简称 NFR），均反复强调外资银行的国民待遇标准。

尽管外资银行从"超国民待遇"回归国民待遇，但背后的美国金融环境却是不断宽松和自由化：1979 年，《K 条例》允许外国银行在两个州以上开设分行；1983 年，利率基本实现自由化；1994 年，IBBEA 解除跨州收购子银行的禁令；1995 年，金融服务竞争法案允许银行设立债券公司，拓展了业务；1999 年，《金融服务现代化法》（简称 GLBA）授权金融控股公司从事全方位的金融业务。（中国人民银行国际司，2007）因此，综合来看外资银行面临的政策环境是日趋优化的。表 2.2 归纳了美国对外资银行的管理规定。

就在美的外资银行而论，20 世纪七八十年代，外资银行开始在美国大幅扩张，其中，日元升值促使日本银行业向美国大举进军，同时欧洲银行业借助母国放松管制的机会也纷纷赴美投资，1973 年，外资银行资产占美国全行资产的 3.8%，1986 年则提高至 19%，90 年代中期，刺激外资银行快速成长的动能基

---

① 金融主管当局以社区对增加银行服务的需求程度、既有的银行和新设银行是否均能获取适当的资本报酬等标准来决定是否准许新银行设立。1927 年，美国颁布《麦克费顿法》（Mc Fadden Act），允许在州法允许的前提开，在该州内设立分行，但明令禁止银行跨州经营。1933 年，美国制定《格拉斯——斯蒂格尔法》，严格规定银行与证券业务分离，以期避免重蹈 1929 年发生的金融恐慌。这两个法案严重桎梏了美国本土银行业的经营，导致其只能采取银行控股公司、自动柜员机（ATM）及融资公司的途径来实现跨州经营。

② 《The Edge Act of 1919》即《埃奇法案》，允许从事国际性业务的银行成立艾吉法案公司。这些银行的艾吉法案公司可以在全美各地设立办事处，以便提供纯粹属于国际进出口贸易的资金融通服务。同时，可以就国际进出口相关业务部分，进行吸收存款或放款。20 世纪 80 年代末期，美国大型银行多数利用此法案，实质上从事跨州经营。

表 2.2　在美外资银行种类及其规定

商业存在形式	主要规定
外国银行分行	非法人实体；外资银行分行不能从事零售存款业务；不用加入联邦存款保险体系；贷款上限是基于其母行资本之上，进而可以比子行发放更大规模的贷款；超过 25 个州都允许外资银行设立分行。
代理机构	非法人实体；不能接受存款和信托（所在州另有规定除外）；其他权利义务与外国银行分行相同。
外国银行子行	享有与本土银行完全相同的权利和义务；须加入联邦存款保险体系。
参股	《银行控股公司法》（简称 BHC）禁止任何公司（包括外国银行）收购美国银行或银行控股公司 25% 以上的股份或取得控制权。如果一家外国银行在美国任何无分支机构，即可收购一家美国银行或银行控股公司不超过 25% 的有投票权股份；如果已有分支机构，收购股权上限更低。
《埃奇法》公司	外国银行可设立或收购一家《埃奇法》公司，从事各种国际银行业务活动。该公司及其分支机构可设在任意一州，资本金不得低于 250 万美元，但母行投资额不得超过资本盈余的 10%，联储特批放宽除外。
商业贷款公司	又称"第 12 款投资公司"，存在于纽约州，其设立标准和审批同代理机构类似，不能接受存款，母公司在纽约无其他分支机构。

资料来源："美国对外资银行的准入管理框架"，中国人民银行国际司，2007 年 12 月，本研究整理。http://www.pbc.gov.cn/publish/goujisi/724/2010/20100324143800891362089/20100324143800891362089_.html。

本释放完毕，外资银行增长逐步平缓，此后 10 余年里市场份额均维持在 20% 左右。基于金融危机、银行战略调整、本土银行壮大等原因，在美外资银行数量大幅减少。其中，不同国家在美经营实力差异很大，欧盟国家以 40% 的机构占比取得了 70% 的资产占有率。其次是加拿大和日本。亚洲其他国家机构数量占 20%，但资产占比不到 5%，开展实质性经营的不多。此外，美国的外资银行以分行为主，数目是子行的 5 倍，资产规模也较大；以批发业务为主；较集中于纽约、加州、伊利诺等州市；OBU 业务比重较高；整体业绩低于美国本土银行；发达国家与发展中国家的外资银行战略差异比较大。[①]

如表 2.3 所示，大多数台湾银行业者都是于 20 世纪 90 年代伊始进入美国，设立银行的形态以分行和办事处为主，业务以在美国帮总行客户联系及承做贸易融资和货币市场操作，投资规模与资本额相对其他外资银行较为保守。有数据显示，1981 年至 1986 年美国规模小的外资银行（资产低于 2500 万美元）投资报酬率逐年下降，至 1986 年投资报酬率仅 0.09%。尽管没有具体针对台湾银行业的数据，但不难想象其投资报酬率并不客观，更何况国民待遇原则逐步落实后。（台，金融"国际化"研究小组 1991）截至 2017 年底，一共有 12 家台湾银行业者在美国设立了 22 家分行、3 家子行。不仅是全行资产规模较大的台湾中国信托商业银行和第一银行在美国分别设有 1 家子行，全行资产规模较小的台湾工业银行在美国也设有 1 家子行，下辖 7 家分行。另外，台湾工业银行还参股了美国的生物科技创投公司、橡子圆基金等两家私募股权机构，间接投资美国的高科技企业。[②] 随着台湾银行业将重点锁定亚洲，未来深耕美国本土业务的银行将会逐步减少。以台北富邦银行为例，2016 年裁撤了洛杉矶分行，暂时退出美国市场。无独有偶，同年永丰银行出售了其全资美国子行远东国民银行（Far East National Bank）。

表2.3　1990 年代初期台湾银行业者美国设点一览表

地区	银行名称	设立时期	性质
纽约	彰化银行	1989.10	分行
纽约	第一银行	1990.03	办事处
纽约	华南商业银行	1990.08	办事处
纽约	台湾中国国际商业银行	1936.07	办事处
纽约	台湾中国信托商业银行	1989.03	本地银行

①　根据 1986 年一项问卷调查的结果，外资银行分、子行主要营业项目依次为：贸易融资 23%、公司理财咨询与融资 23%、货币市场交易 16%、外汇交易 14% 和零售金融 13%。1986 年，经营美国境内业务的外资银行主要有 642 个营业单位，其中 325 家为分行形态，187 家为办事处，130 家子行及其他。以 1989 年 9 月 30 日为例，所有外国银行在美国的分支机构处的资产负债总额为 5615 亿美元，其中记录在 OBU 账上的即达 2646 亿，比率高达 47.12%。同时，外国银行设立的 OBU 总资产占美国全国 OBU 资产总额达 2/3。发达国家外资银行由于进入时间长，技术领先，可提供完善的金融服务，本土化程度较高，而发展中国家的业务则以贸易融资为主，客户也以服务于本国居民或侨民为主。

②　台湾工业银行的转投资将作为特例在后文中详细论述。

地区	银行名称	设立时期	性质
纽约	台湾银行	1990.09	办事处
纽约	"中央信托局"		
洛杉矶	华南商业银行	1990.01	分行
洛杉矶	第一银行	1990.02	分行
洛杉矶	彰化银行	1990.10	有限分行（limit）
洛杉矶	台湾中国国际商业银行		
硅谷	台湾交通银行	1989.04	分行
芝加哥	台湾中国国际商业银行	1975.09	分行
旧金山	"中央信托局"		分行
	美国中美银行		子公司（台湾中国国际商银）

资料来源：沈临龙，年份不详。

二、加拿大

20 世纪 70 年代初，加拿大与中华人民共和国建交，与台湾地区关系至此冰冻。80 年代末期，双方贸易额平稳增加，台湾"移民"加拿大蔚为风潮，两地公权力部门通过别样的方式互通往来，促进双方经贸关系的融合，双方银行市场的开放也随之启动。

20 世纪 80 年代之前，加拿大各省阻挠新银行设立，外资银行设点相当困难。1980 年，加拿大银行法修正后准许外国银行设立子行，但不允许设立分行。[1] 若财政部长认为全体外国银行子银行所持有的国内资产超过全体银行国内资产总额的 12% 时将停止发给特许执照。与其本国银行相比，外国子行的业务基本没有差异，享有相同的权利和义务，然而在资本规模、资本充足性、资产结构上却有较高的要求。[2] 不仅如此，《加拿大银行法》规定，外国母行必须在 10 年内在本地股票市场上出让其子行大部分股权，使原来由外国母公司全部或

---

① 值得一提的是，加国各地区限制、营业许可范围与法规性质亦有不同。北美自由贸易区形成后，美国银行不受加拿大外国银行子银行的限制。加拿大《银行法》第二条将外国银行子银行定义为由一家或数家外国银行拥有的Ⅱ类银行，但不包括由美国人所控制的子银行；规定Ⅱ类银行（实际上就是外国银行子行）不可于加拿大境外设立分行，美国银行除外。

② 在资本充足性方面，本土银行总资产限制为资本的 30 倍，营业未满 3 年或资本额少于 1500 万加元的外资银行，其资产总额不得超过资本的 20 倍，其他外资银行的总资产不得超过资本的 25 倍。外资银行在加拿大的资产至少必须维持在该实收资本与该行对加拿大居民的负债总和。即不能出现资金外流。就最低资本额而言，本土银行不得低于 200 万，外资银行则不得低于 500 万。

大部分控股的子行最终成为"没有任何个人或团体持有子公司任何类型股票数额 10% 以上的广泛持有银行"。显然，这一制度不适用于外国银行分行。1999 年，外国银行被正式批准以分行模式入境，允许借助母行资本开展批发业务，但零售业务不开放。[①]

　　基于以上各项规制，外国银行在加设点的兴趣不高。加拿大银行体系是全世界最为集中的体系之一，本土银行营业网点完整密集，外资银行难与竞争。20 世纪 90 年代中期，外资银行资产占整体资产约为 12%，近几年该比例降至个位数，相反六家本土银行资产占比超过 90%。外国子行通常设立于侨民较多的地区，或作批发业务或承办与其母公司相关的业务，经营绩效不如本土银行。（台，金融'国际化'研究小组 1991）

　　加拿大开放子行设立之初，台湾银行体系还是公营为主，对外设立子公司或并购当地银行难度颇大，仅有兆丰国际的前身台湾中国国际商业银行在多伦多设立光华国际商业银行（现改名为加拿大兆丰国际商业银行），之后陆续在温哥华、华埠、列治文等三地设立子行下属分行。从 2017 年的资产规模上看，加拿大兆丰国际商业银行的资产总额为 48.6 亿新台币，与此同时兆丰国际商业银行的泰国子行资产总额为 183.8 亿新台币，前者仅仅是后者的 1/4。（兆丰国际商业银行年报，2017 年）此外，台湾中国信托商业银行也设立了 1 家子行，而第一银行则在开放子行模式后设立了两家分行。类似于台银在美情形，台银行业务量、规模在加拿大外资银行中并不靠前。

2.2.2 欧洲市场准入与台湾银行业投资情况

　　自 1980 年起，金融自由化与国际化风起云涌，驱使欧洲各国加速金融开放。然而欧洲各国的金融开放具有内向国际化和外向国际化两种类型，前者是指欧洲或欧盟各国间的相互开放，后者是指对欧洲或欧盟以外其他国家的开放。二者差异显著，前者开放程度远远高于后者。[②]尽管从 WTO 金融服务开放承诺中，看不出欧盟国家设置了专门对外资金融机构的严重歧视性准入障碍。但是有几大原则或特征值得注意：

　　首先坚持对等开放原则。欧盟银行、保险和投资指南规定了相互给予国民

---

　　① 1997 年，加拿大财政部发布的《外国银行准入咨询报告》中明确指出：外国银行分行准入的目的是为了利用外国银行的资本基础，为本地中小企业提供更多的融资途径。

　　② 欧洲有 42 个国家，欧盟区有 28 个国家，欧元区有 17 个国家。欧盟区涵盖了欧洲最为发达的国家，因此本研究中以欧盟为主。

待遇的条款，根据该项条款，如果第三国没有给予欧盟金融机构国民待遇，那么欧盟将拒绝第三国的金融机构进入欧盟营业。对于第三国或地区而言，与 28 个国家全部进行对等开放，实属慎重。其次，欧洲国家金融混业经营和全能银行制的历史最为悠久，导致外资金融机构难以瓜分市场。再者，维持庞大的公法金融体系，对东道国来说等于有一大块不与外资分享的长期市场。[①] 最后，欧洲国家倾向于本国银行之间的并购，而对跨境并购有或明或暗地限制。另外，从资产风险角度考虑，随着欧元区内的共同货币政策的执行，各国财政政策得到相应的制约，欧元区的宏观经济逐步趋同，从而由欧盟内部的地域分散取得稳定的利润变得越来越不现实。

总体而言，欧洲以外国家银行在欧洲机构设立和业务开展都有所下降，同时业务向伦敦集中，收缩在欧盟其他国家的经营，当然并非全部由当地政策所致，也有外资银行母国、其他地区的因素。[②]（陶凌云，2009）截至 2017 年底，相对于欧洲与台湾地区贸易往来的密切程度，台湾银行业在欧洲的设点不多，有家银行共设立了 7 家银行分行，其中 5 家设在英国，另外两家在荷兰和法国，如此集中的分布可以解释欧盟的政策规制对其产生了极大的影响。另外，合作金库、土地银行和台湾银行合资在比利时设立子行，即台湾联合银行，持股比例分别为 90.02%、4.99%、4.99%。这是台湾银行业在欧洲的唯一一家法人银行。

2.2.3 东南亚市场准入与台湾银行业投资情况

台湾金融业在东南亚市场的布局，主要分成三个阶段。第一阶段是 1997 年亚洲金融危机后，许多东南亚国家本土金融机构（主要是证券商）因面临倒闭危机，被迫对外出售股权或分支机构，当时台湾金融机构基于政治或商业考虑加以购入，但这一波金融机构取得主要以资产收购为考虑，之后大多通过出售获利了结，并未积极深耕当地市场。第二个阶段，主要是 2000 年以后，台湾制

①　欧盟属于大陆法系发达国家，在其金融市场有庞大的公共金融机构公共金融机构存在的领域或区域要么是政府专营的领域，不允许外资进入，如欧盟大陆的储蓄银行；要么是面向中小企业、中下阶层，主要为长期住房建设、公用事业投资和特殊政策目标服务等，外资不愿意进入。

②　日本和美国的银行在这一时期比较大地收缩了其在欧盟国家的业务。日本银行的收缩主要是由于其国内问题比较严重，而美国银行的收缩则主要是由于美国国内巨大的并购浪潮。美国是欧盟国家外资银行的主要来源国，20 世纪 70 年代初，美国银行欧盟分行的资产占其所有国外分行资产比重接近 80%。随着加勒比离岸中心、新加坡和日本分行的成长，欧盟分行的相对重要性有所下降。

造业者加速东南亚投资，台湾银行业者基于就近服务客户考虑，开始积极前往东南亚地区设置据点。（邱仕敏，2014）第三阶段，2016 年 5 月，民进党重新执政以来提出了"新南向"政策，很多台湾银行业者在政策导向之下增加在东南亚的布局。东南亚国家经济发展水平、政治制度差异巨大，金融业对外开放的程度也大相径庭。

一、新加坡

20 世纪 60 年代，为拓宽经济发展空间、促进资本快速形成，发展金融服务业成为政府重要政策目标。与很多国家金融开放历程有所不同，新加坡银行业对外开放具有特色鲜明的"内外分离、开放保护"色彩。

一方面，积极推进新加坡金融自由化、国际化，大力发展离岸银行市场，以优惠的税率及有利的经营环境吸引外资银行到新加坡经营离岸银行业务。另一方面，明确地区分离岸及本地市场，对银行业实行开放离岸银行、保护本土银行的区别对待政策。对国内银行业实施较多的保护主义政策，保护本土银行，限制外资银行进入国内市场，禁止新增外资银行进入本地零售业务市场，限制外资对本地银行的持股比例。例如，新加坡将银行分为三类，完全执照银行、限制性执照银行和境外执照银行，其中完全执照在 20 世纪 70 年代之后对外资银行冻结了十余年，后两者是专为外资银行而定。[①]不仅如此，70 年代通过的银行法规定外国银行只允许设立分行，持有新加坡本土银行股份的上限为 40%。由此，90 年代初，外资银行占据了新加坡银行业的绝对比例，但对国内银行业务（特别是零售业务）冲击不算大。[②]90 年代后期，区域竞争与亚洲金融危机的爆发使得部分外资银行和亚洲美元单位成员开始撤离新加坡。对此，新加坡政府先后放宽对外资银行的政策限制，如增加一定的全面银行和限制银行牌照，将原有的限制银行牌照改为批发银行牌照，允许符合条件的离岸银行升级为批发银行，并取消对本地银行外资持股不得超过 40% 的限制，降低资本充足率和最低流动资产要求，吸引外资进入当地银行业。[③]（李超、周诚君，2008）

---

① 完全执照银行：可设分行，业务无限制，客户种类无限制；限制性执照银行：无分行，不可吸收储蓄存款，境外居民定期、付息存款不得低于 25 万元新加坡币；境外执照银行：无分行，不可吸收非银行居民储蓄、定期、付息存款，吸收的新加坡本地银行存款不得低于 25 万新加坡币，对非银行居民的授信不得超过 5000 万新加坡币。

② 20 世纪 90 年代初，国内银行部和境外银行部合计的总资产占新加坡整体银行体系资产比例高达 90%，一般客户放款占总放款之比也接近 90%。

③ 1999 年执牌照，2001 年该执照增至 15 家。对核心资本充足率的要求由 10% 降低为 8%，对最低流动资产要求从 18% 调整为 12%—18%。

新加坡是东南亚地区最大的窗口，各地主要厂商的金融作业都设在新加坡，而到东南亚地区投资的台湾厂商也利用这里作为平台，台湾银行业在这里可以服务台商，也可把台湾地区的商业机会介绍给新加坡，成为很好的桥梁。截至2017年底，台湾有12家银行在新加坡设立了12家分行，绝大多数都拿的是批发性执照和境外执照，业务以亚洲美元及外汇买卖为主。在这样的制度下，银行自主选择商业存在形式的空间极小。

二、马来西亚

同泰国类似，马来西亚在1973—1994年间，政府未发行外国银行分行执照，并一度令原有的外国银行分行改制为子公司。[①] 亚洲金融危机过后，放宽外资银行准入成为东盟新兴市场国家的普遍现象，马来西亚却是其中唯一没有放松管制的国家。2006年前，外资银行不允许增设分支机构和ATM机，不允许吸收政府机构的存款，贷款流向有限制，内资银行股权的比例最高为30%等。由此，外资银行在马市场份额被本土银行所取代，截至目前的20年间均维持在25%以下。[②]（刘才涌，2007）2006年起，马来西亚放松管制，允许既有外资银行增设4家分行、10家微型分行，并陆续发出若干张商业银行执照给外资银行业者。

同样，资源、外贸、投资等优势优惠吸引不少台商赴马投资设厂，20世纪80年代末期，台湾厂商赴马投资案不断攀升，且出现了大型投资案逐步增多的现象，两地贸易规模也相当可观。然而直至20世纪90年代中期，马来西亚却无一家台湾银行业分支机构，与实业投资形成鲜明对比。之后，国泰世华银行开始在纳闽岛离岸金融中心设立1家分行，在吉隆坡设立1家行销服务处。截止2017年底，马来西亚只有国泰世华和兆丰国际商银设立了仅有的2家分行和2家行销服务处。

---

① 1995年7月，WTO就服务业贸易总协定有关金融服务业自由化协定达成临时协议，限制发展中国家金融管制的权利。马来西亚随即联合八个东南亚国家共同坚持六项原则，坚持禁止外国银行新设子公司与分公司的立场将维持不变。

② 外资银行在马来西亚仍是强有力竞争者，尽管存在各种限制措施，外资银行在马来西亚拥有的市场份额是东盟新兴市场国家最高的。例如花旗银行在马来西亚只有3家分行，但就资产规模来看，它是马来西亚的第六大银行；就利润来看，是第五大银行。

三、泰国

泰国于 1962 年禁止外国银行设立分行，1964 年起禁止设立子行。[①] 直至 1993 年初，泰国政府核准了 20 家外国银行设立 OBU，两年后解禁新银行的设立，冻结期长达 30 年之久。泰国规定新设银行资本额不得低于 75 亿泰铢，外国银行持股上限为 50%，其余股份须分售予一般民众。泰国对于外资银行授信也有颇严的限制，如需购买占存款负债 16% 的低利润政府债券或其他规定债券等，导致外国银行服务于本国客户的能力更为的薄弱。截至 20 世纪 90 年代初，泰国共有 15 家本土商业银行和 14 家外国银行的 18 家分行，这些分行均为 20 世纪 50 年代之前设立。

早在 20 世纪 80 年代，泰国资源、外贸、投资等优势优惠吸引不少台商赴泰投资设厂，投资金额在所有外资总额中名列前茅，并带动两地贸易。然而同其他外资银行一样，直至 90 年代初，台湾银行业只有 1947 年设立的台湾中国国际商业银行一家。这一员工仅有 60 多名的分行成为当时台湾厂商向东南亚发展的唯一金融服务网点，服务的供求严重失衡。如今，这家银行转型成为泰国子银行，下辖 4 家分行。尽管泰国的利率、外汇自由化程度有相当程度的进展，为最早接受这一巴塞尔资本标准的发展中国家之一，金融市场开放上却犹豫不决。据悉，泰国现阶段暂缓开放外资银行设立分行。（刘灯城，2014）[②] 截至 2017 年底，台湾地区在泰国拥有 2 家子行，1 家是全资持股的兆丰国际商业银行大众（股）公司，另一家是台湾中国信托商业银行于 2016 年 6 月参股的 LH 金融集团大众公司（简称 LHFG），持股比例高达 35.6%。

四、印度尼西亚

印尼在对待外国银行分行上有诸多限制。首先，印尼仅仅允许世界排名 200 之内的外国银行申设分行。（刘灯城，2014）其次，在地域上有所规范。1988 年之前，外国银行仅允许在雅加达设立分行。1988 年之后，地域放宽，增

---

① 当时，泰国法律名义上的规定是，在泰国申请设立分行的资本额须在 5000 万美元以上，三年内必须增资至 3 亿美元。新设外商银行，外资股权也限制在 25% 以下。当时，除日本的银行因日商赴泰投资者极多，积极设法申请分行外，其他欧美银行多因标准过高而却步。1990 年 2 月，泰国财政部曾核准 5 家外国银行设立分行，但遭到泰国银行界的强烈反对，进而在国会中被否决。

② 泰国政府历经三个阶段（1979 年、1989 年、1990 年）先后放宽了贷款利率上限和存款利率上限。1984 年底，泰国将泰铢的基准汇率贬值 17% 后，采取较为较具弹性的浮动汇率制度。1990 年 5 月起，泰国开始放宽对贸易及汇款的限制，尽管此次外汇管制非全面性，但在一定程度上促进了国际投资。不仅如此，此时的泰国已接受国际清算银行的规定，要求所有商业银行的自有资本与风险性资产比率达到 8%。

设六个地区。如今对外国银行分行的地理布局有明显的倾向，即顾虑某些地区银行家数是否过度集中，鼓励银行前往政策鼓励地区（一般是较为偏远待开发区）设置分行，在分行执照上予以管控。再次，外资银行分行在业务范围上约束很大。1988 年之前，外国银行分行业务类似于私人银行。同时，未经印尼央行允许，外国银行分行不得承做中长期信贷和无担保信贷。如今，印尼政府仍未大幅放宽外资银行分行办理印尼盾本币业务。在当地货币资金不足的情况下，外资银行分行不得不透过银行间拆借的方式取得资金再进行授信，资金成本较高。（邱仕敏，2014）

1988 年后，印尼开放银行业合资与参股，前者外国银行股比上限为 85%，后者为 49%。随后五、六年间，成立了 29 家合资银行。1988 年，台商对印尼投资出现大幅增长。[①] 20 世纪 90 年代初，台湾地区已成为印尼第四大贸易伙伴，第四大进口地区和第六大外销市场。然而这一时期，台湾银行业者仅有 2 家办事处，部分原因是金融服务滞后于实业投资的规律，也不能排除印尼政治、经济、社会环境的不太安定成为银行业者迟迟未能行动的顾虑。亚洲金融危机后，印尼进一步放松对外国银行的限制，允许外国银行 100% 参股。于是，一批外国知名银行开始投资印尼银行业，目前，在印尼股市挂牌上市的 23 家大型银行中，外资银行平均持股比重接近 50%，其中新加坡、马来西亚参与程度最高。（吴崇伯，2009）截至 2017 年底，台湾银行业者中只有台湾中国信托商业银行在印尼设立了一家子行，下辖 11 家分行。

五、菲律宾

20 世纪 60 年代中期至 80 年代末，菲律宾施行了 20 年的暂缓审批的政策。1994 年，7721 号法案通过，允许外国银行通过以下模式中的一种进驻。第一，收购或持有已有国内银行至多 60% 的股份；第二，在菲律宾注册成立新的子公司并持有至多 60% 的拥有投票权的股份；第三，成立拥有完全授权的分行，但只有 5 年有效期，仅限于 10 家外国银行，其中分配于台湾 1 家。每家外资银行至多设立家分行。申请者必须是世界前 150 大银行或者本国前 5 大银行，并且至少拥有 2.1 亿比索的资本。亚洲金融危机后，菲律宾再次设立延缓期，以减缓银行体系的急剧扩张。2000 年通过的新《银行法》为延缓期政策设立了 3 年的上限，鼓励投资者收购现有银行而不是申请新的经营牌照，并取消了外资银

---

① 台湾地区厂商到印尼投资始于 1972 年，但到 1987 年为止，投资总额和件数寥寥无几。1988 年之后，对印尼投资出现井喷，当年投资金额便超过以往 15 年的 5 倍之多。

行收购的 60% 股比上限。为避免外资过度侵蚀，该法规定，整个银行体系 70% 的资产应由菲律宾人控制的银行持有。(梅拉利·S. 米罗，2007)

值得一提的是，早在 1970 年，菲律宾就颁布外币存款条例，建立了马尼拉境外金融中心协助引进外资，但该中心发展并不乐观。另外，20 世纪 80 年代菲律宾修订银行法，允许设立综合性商业银行，经营信托、证券与投资业务，比美国早近 20 年。1981 年菲律宾开始实施存款及放款利率的自由化，随后又建立了以国库券为中心的浮动利率体系。1984 年，菲律宾采取浮动汇率制度并放宽外汇管制。[1]

与菲律宾当地银行相比，台湾银行业实力要雄厚得多。台湾中国际商业银行于 20 世纪 90 年代初进入菲律宾，是最早进入的台湾银行业者。此后，庆丰银行、第一银行、合作金库等金融机构也都在 90 年代中期纷纷抢滩登陆。台湾银行业首选地点是菲律宾各地的出口加工区，尤其是苏比克湾自由港，服务于在菲台商。[2]20 世纪 80 年代中期之前，台湾地区对菲律宾的投资案件累计才 10 件，累计投资额约为 1018 万美元。80 年代末期，赴菲投资额出现迅猛增加。此外，菲律宾华商也是台湾银行业瞄准的客户群体。(赵文骝，1996) 截止 2017 年底，一共有 7 家台湾银行业者在菲律宾设立了 5 家分行、2 家子行，其中台湾中国信托商业银行菲律宾子行旗下分支机构较多，有 25 家分行。

六、越南

1991 年，越南颁布《外国银行在越南设立分行办法》，次年开放外国银行设立分行，但每个国家仅准新设一家为原则，开业满 3 年后若业绩良好、无过失，则可申设另一分行；2003 年，越南修改立法，放宽外国银行和外国企业投资越南银行业；2004 年，允许外资企业购买越南股份银行的股份，股比上限为 30%；2007 年，越南加入 WTO，开放设立 100% 持股的外资子行；与此同时，和印尼一样，越南政府也为顾虑某些地区银行家数是否过度集中，为鼓励银行前往政策鼓励地区 (一般是较为偏远待开发区) 设置分行，而在分行执照上予

---

① 20 世纪 70 年代开始，菲律宾在 IMF 和世界银行的劝告下，进行了两次金融改革。第一次是在 1972 年末，改革的主要内容包括推动银行的合并，分散银行股权，规制非银行金融机构准银行业务，扩大农村金融业务以及离岸金融业务。为获得开发用的低利中长期资金，菲律宾于 1980 年开启了第二次金融改革。其主要内容包括，建立综合性银行制度，取消大部分存放款利率上限，促进金融机构的竞争，推动公营银行民营化。

② 苏比克港趁香港"九七"回归之机，正抢占台海两岸经贸往来的部分第三地中间业务，这也是台湾银行业进驻该港的一大原因。

以管控。再次，对外资银行分行的业务范围有限制。尽管，越南允许外国银行经营本币存款业务，可以接受与本行无信用关系的越南客户的越币存款，存款数额按照获准的额度逐年增加，到 2011 年完全享受国民待遇。（潘永、邹冬初，2011），但现实是迄今仍未大幅放宽台湾银行分行办理越南盾本币业务。在当地货币资金不足的情况下，台湾银行分行不得不透过银行间拆借的方式取得资金再进行授信。由于资金成本较高，目前多数当地台湾银行分行仅提供美元或其他主要货币融资，较少承做越南盾融资业务。（邱仕敏，2014）

早在 20 世纪 90 年代初，台商直接投资便已高居越南"外商"投资第一位，越南的当地银行的竞争力又很低，台湾银行业有广大的空间。尽管越南对外开放的时间较迟，但在分行—参股—子行的开放过程中，各种冗杂的约束较少，由此外资银行设立情况较为乐观。目前，台湾银行业在越南的投资布局为东南亚国家之最。截至 2017 年底，一共有 9 家台湾银行业者在越南设立了 12 家分行和 1 家子行。其中，世越银行由国泰世华商业银行与越南国营工商银行合资设立，国泰世华持股比例为 50%，有 12 家分行及下属 19 家支行，网点绵密。

七、柬埔寨

作为不发达国家之一，柬埔寨享受发达国家给予的多项优惠。尤其是纺织服装业，美国、欧盟等国家给予其"普惠制（GSP）"待遇，除美国对自柬进口的部分纺织品设定了较宽松的配额限制外，其他国家均对自柬进口纺织服装类产品提供免配额和减免关税的优惠待遇。台湾当局近来积极举办招商活动，协助台商开拓柬埔寨市场，未来前往该国投资厂商势将加速增长，其对金融服务之需求亦势必大增。

在柬埔寨，外资金融机构完全享受国民待遇。外资银行在柬可以 100% 持股或是建立分支机构、代表处。[①]其次，美元为通用货币，不论银行或客户，资金出入免于换汇，节省了成本也免去了风险。再者，外债额度较不设限，台湾母行随时可汇出资金供当地分支机构使用。第一银行于 1998 年设立金边分行，十余年来一直是柬埔寨唯一的台湾银行业分支机构，直至 2011 年，兆丰国际设立金边分行。截至 2017 年底，一共有 6 家台湾银行业者在柬埔寨设立盈利性机构，包括分行 3 家，子行 2 家、微型财务公司 1 家、不动产投资 1 家。柬埔寨俨然成为台湾银行业者下一阶段的投资热点。

---

① 但对于现金有一定的管制，因为受国际洗钱法的限制，超过 1 万美元都需要审查。

2.2.4 东北亚市场准入与台湾银行业投资情况

目前台湾银行业在东北亚的投资绝大部分都在日本，在俄罗斯、朝鲜和蒙古没有投资，在韩国仅有 1 家规模较小的子行。

一、日本

1982 年，日本实施新银行法，1983 年与美国联合发表设立"日元、美元委员会"，开放外资银行进入金融市场。在美国的强烈要求下，在日本的外国银行可享有与日本的信托银行同等的国民待遇，业务范围也逐步放宽。伴随着金融自由化和经济实力的日趋强大，日本的外资银行显著成长。1994 年，日本泡沫经济之后，欧美银行在日本的网点、业务规模开始萎缩。相反，亚洲各国和地区为搜集日本对亚洲直接投资的资讯，纷纷赴日设点。然而，直至目前，日本在市场准入方面对外资银行的进入条件和数量仍有严格的限制。根据日本《普通银行法》规定，大藏大臣在审查外资银行开业申请时，为保证公共利益需要可以附加其他条件。这实际上是在法律明文规定之外，又施加种种限制，使外资银行进入日本的难度加大。（李晓春，2004）台湾地区与日本经贸密切，东京为亚洲金融中心，加之 50 年殖民史，两地民间往来频繁。截至 2017 年底，台湾在日本共有 9 家分行，1 家子行及 6 家非银行金融机构。其中，2014 年台湾中国信托商业银行收购日本东京之星银行，成为它的单一股东，这家日本子行目前有 30 家分行，业务量占总行的比重已经超过 15%。（台湾中国信托商业银行年报，2016 年）

二、韩国

在亚洲金融危机爆发之前，韩国金融部门主要由政府控制。国外贷款主要通过国有银行体系流入韩国。1997 年危机爆发后，韩国政府开启金融重建工作，除弊兴利。21 世纪伊始，韩国银行业的股权收益率已经大为改善，外国投资者对韩国银行业的投资兴趣也不断增强。在这种情况下，韩国政府开始向外资银行或公司出售银行股权。韩元的贬值使韩国资产变得非常廉价。1999 年 12 月，韩国第一银行出售给一家美国基金新桥资本；2000 年 11 月，Koram 银行出售给了美国投资基金 Carlyle，2003 年 9 月，韩国外汇银行出售给了美国 Lone Star 投资基金。到 2005 年末，总体来看，外国投资者拥有韩国商业银行的股权比率高达 66%。（曲凤杰，2006）总体而言，相对于其他国家的慎之又慎，韩国在金融市场开放上显得简单粗暴。尽管部分投资基金在几年后开始高位套现，但外资银行的进入使得韩国银行业发生了不小的变化。通过银行业全面的开放，韩国政府成功地打破了与大财团的过从甚密的关系，商业银行成为独立的市场主体。

截至 2017 年底，台湾银行业在韩国仅有一家子行。元大商业银行于 2016 年 4 月向美国怡安集团（又称 AON 控股）收购其子公司韩国韩新储蓄银行，次年更名为元大储蓄银行。目前仅有总行和旗下一家分行，均位于首尔。

2.2.5 香港市场准入与台湾银行业投资情况

作为自由港的香港，金融开放经历过两个阶段。1965 至 1981 的 15 年里，外资银行无法进入香港市场。[①]1981 年，港英政府宣布撤销对外资金融机构申请银行牌照的冻结，并启动实施国民待遇。当时将银行分为持牌银行、限制牌照银行及接受存款公司三级，注册资本总额要求并不高，分别为 3 亿港元、1亿港元、2500 万港元。这三种机构，外资银行均可自由申请，但对商业存在形式有若干限制，即设立持牌银行只能以分行形式开办，有限牌照银行则可采用分行和附属公司形式申请，接受存款公司只能由本地注册申请人申请。值得一提的是，香港无设立办事处的要求。2002 年是香港对外资银行实施国民待遇的飞跃年。这一年中，取消了之前采取的"一间分行"和"三间分行"的分行数量的限制；取消了申请者总资产不少于 160 亿美元的规定，改为客户存款和总资产分别为 30 亿港元和 40 亿港元，即与本地申请者相同；取消了外资银行申请持牌银行，必须以有限持牌银行或存款公司形式在港经营 10 年以上的限制，改为 3 年以上，即与本地申请者相同。（中国人民银行国际司，2007 年）

台湾银行业在取消牌照冻结 10 年后才纷纷赴港设点。华南银行于 1991 年成立香港办事处，1993 年升格为分行。台湾银行香港分行、第一银行香港分行分别于 1993 年、1994 年先后取得持牌银行执照。富邦金控于 2004 年 4 月，台湾富邦金控成功收购阿拉伯银行集团和中国光大集团分别持有的港基银行 55%和 20% 股权，成为该行控股股东。一年后，港基获得股东批准更名为富邦银行（香港）有限公司。目前，这家银行已是富邦金控的全资子行。截至 2017 年底，在对外投资设点的 22 家台湾银行业中有 21 家在香港设点，一共有 21 家分行，1 家子行，2 家财务公司。之所以如此青睐香港，除了香港作为重要金融中心因素外，透过香港服务于庞大的台商群体，等候时机进军大陆是最为关键的因素。

---

① 1978 年 3 月，港英政府宣布撤销对外资金融机构申请银行牌照已达 13 年的冻结，放宽牌照申请条件。1979 年，港英政府再次宣布冻结牌照。

综上所述，最低注册资本、商业存在形式倾向、业务范畴是各国或地区外银行准入政策中必不可少的内容。实际上，在立法规定之外，更多的市场进入壁垒的隐蔽性极强、灵活性很大，例如金融主管当局的自由裁量权。在自由化方兴未艾的同时，具体的市场准入条件与标准却更加严格了，旨在阻止那些实力较弱、信誉较差、不符合本国或地区需要的金融机构入境。在这方面，发展中国家表现得也更为明显，因为它们对金融自由化、外资银行进入的负面影响一直保持着相当谨慎的态度。这一趋势值得深化对外业务的台湾银行业不断地思考。

2.3 制度创新与国际形势的深远影响

突发事件对于金融业的影响是现实且深远的，在近 100 年中，20 世纪 30 年代经济大萧条促成了金融业的混业经营，20 世纪 70 年代的两次中东石油危机促成了西方发达国家和新兴市场国家及地区的大规模产业转移等等。就台湾银行业的对外投资而言，OBU 制度、1988 年巴塞尔资本协议、1997 年亚洲金融危机、2008 年全球金融危机是最重要的转折点。

一、各类制度创新对银行业对外投资产生了很大影响

（一）巴塞尔协议成为银行业对外投资的基本门槛

20 世纪 80 年代末期，银行业的外部经营环境发生变化。为了加强国际金融体制的健全和稳定，使不同国家和地区的银行能够在统一公平的基础上进行竞争，国际清算银行颁布了"巴塞尔协议"，规定到 1993 年各国和地区银行的资本—资产比率须达到 8% 以上。实际上，每一个国家或地区在制定巴塞尔协议方案时通常会明确说明，都应该根据自己的实际情况，来制订符合自己国情的一套银行监管方案，巴塞尔协议只是一个最低要求。由此，这一协定顺理成章地成为各国或地区银行业市场开放的门槛，国民待遇原则在当中也有重要的影响。具体而言，若某国或地区由于天然的优良基础，资本充足率、流动性等方面大大优于国际标准水平，就会制订一个更高的标准。这一标准对于本土银行业并非难事，但在国民待遇原则之下，内外资统一监管，这就使得即便开放本土市场也让一部分银行望而却步。以台湾土地银行为例，过去由于自身核心资本标准达不到发达国家的要求，对外投资曾一度遭阻。

纵观巴塞尔协议的演变过程，要求在逐步精细中提升。2010 年 9 月，23 国

金融监管层达成新巴塞尔协议 III，同意大幅度提高银行核心资本要求，重建稳健的银行体系。具体包括三个方面，第一个方面是严格了资本的定义和标准。第二个方面建立了全球统一的流动性监管标准。第三个方面根据经济复苏的现实情况，设定了过渡期安排。新的监管标准将在 2013 年 1 月 1 号起在全球范围内实施，2019 年 1 月 1 号前全面达标。不难推论，巴塞尔协议 III 进一步提高对银行的资本与流动性要求，增加银行资金成本。

（二）离岸业务提供了银行业对外投资的新模式

设立 OBU 是台湾银行业者拓展对外业务的产物，它更是金融"国际化"过程中重要的制度创新成果。当局一方面鼓励岛内银行赴外设立分支机构，另一方面也开放岛内外金融机构在岛内设立 OBU。OBU 是通过在一般商业银行内专设一个独立账户，执行与"国际"金融相关业务。换而言之，只是账户分离，但人员、营运资金的运用上并未彻底的分离。但从业务属性上看，OBU 的离岸性质使其可以算作对外分行，同时又有对外分行所不具备的优势，即资金运用受到的管制较少。上一节有提到，OBU 的出现，让各国或地区可以克服腹地的不足实现金融产业的飞跃，新加坡、菲律宾等国早在 20 世纪六七十年代就推出 OBU 制度。台湾也不例外，1983 年 12 月，当局颁布"'国际'金融业务条例"；1984 年 4 月，"金管会"出台"'国际'金融业务条例施行细则"。进入 20 世纪 90 年代，OBU 制度便已成为各国和地区的宠儿，在以上各国或地区金融市场准入中最为常见。1995 年，台湾当局提出构建"亚太营运中心"计划，OBU 制度是其中的重点。1999 年 3 月，"金管会"出台"'国际'金融业务分行管理办法"。根据"'国际'金融业务条例"，OBU 享受多重优惠，存款免提存款准备金，所得免征营利事业所得税，销售额免征营业税，凭证免征印花税，放款免提呆账准备等，相比岛内银行，税费少，资金占用也少。正因如此，OBU 在台湾获得了巨大的成功。2017 年 8 月，"金管会"出台"'国际'金融业务分行设立及应遵行事项办法"，对银行设立 OBU 进行了规定和约束。

十余年来，OBU 制度对岛内的外向型企业，特别是两岸关系下的大陆台商有着极其重要的作用。为了节税（营业所得税、营业税、印花税）、控制风险与资金调度，众多外向型台企在境外如开曼群岛、萨摩亚等地设立境外公司，再以该境外公司的名义回岛内银行开设 OBU 账户。目前，使用这一方式的大陆台商占有相当比例，OBU 也成为大陆台商融资的平台。监管部门在统计对外业务均将 OBU 与对外分行合并统计，从而将部分大陆台商业务囊括进来。尽管没有研究去探讨银行设立 OBU 和对外分行之间是否存在此消彼长的关系，但是能够肯定的是 OBU 极大地弥补了台湾银行业对外分支机构不足的缺陷，巩固了客户群体。

（三）监管内容的变化影响了银行对外投资的经营策略

2016 年 8 月，台湾银行业最大、历史最悠久的海外分行——兆丰国际商业银行纽约分行因反洗钱合规工作不力被纽约金融服务局重罚 1.8 亿美元，而当时并未查到兆丰国际商银确切的洗钱罪证。这一事件是台湾金融史上最大的裁罚案。2017 年 1 月，兆丰国际商业银行及其纽约、芝加哥和圣何塞分行再度因反洗钱操作缺失，遭美联储罚款 2900 万美元。这两起事件对于正在走向岛外市场的台湾银行业而言，具有高度警示意义。

一方面，这起事件会暂缓银行业对外设立机构的步伐。据《联合早报》的消息，事件发生后，"金管会"暂停兆丰银行申设海外分支机构，直到该行内控缺失改善为止。这起事件对其他银行业者也造成了不小的冲击。如表 2.4 所示，因为支付了 1.8 亿美元的罚单，兆丰商业银行 2016 年利息以外净收益呈现大幅负增长，萎缩了近 30%，呆账费用及保证责任准备提存也大幅提高，最终税前净利降低 23.78%。据悉该罚款额度相当于兆丰国际商银过去 7 年利润总和。不难想象，对其他规模较小的台湾银行业而言，一次罚单的成本将是致命的。随着美国主导的伏克尔法规（VolckerRule）、华尔街改革、消费者保护法案（DoddFrank Act）、外资账户税收遵从法（FATCA）等法规实施，金融监管日趋严格，提高了台湾银行业经营合规的成本和风险，促使银行业者谨慎评估、反思、调整在北美的布局。另一方面，DFS 和美联储的处罚意味着全球反洗钱门槛升高，对于在岛外拥有众多网点的台湾大型银行，如兆丰国际商银、台湾中国信托商业银行、第一银行等，需要加倍熟悉不同国家的法律、法规和政策，对从业人员的专业化程度、技术与反洗钱的融合、风险管理的针对性、法规遵循、业务沟通等方面提出了更高的要求。兆丰国际商银 2016 年年报中提到，在事件发生后该行决议设置海外管理处，专责海外分行之营运监督与管理；增设洗钱防制中心，负责该行洗钱防制与打击资恐相关事务的管理；全面推动有关洗钱防制 / 反资恐及美国 BSA/OFAC 相关规范的教育训练，并配合修订绩效考评办法。（兆丰国际商业银行年报，2016 年）其他台湾银行业者也开展了类似的内部控制行动。

"'本国'银行设立'国外'分支机构应注意事项"于 2017 年 6 月再次修正。鉴于兆丰国际商银纽约案件，在提交的申请材料中，除了申书书、可行性研究报告、已设立"国外"分支机构的营运情形、营业计划书、预定负责人的资格条件之外，增加了对外分支机构内部控制及稽核制度一项，涵盖了重大事件通报机制与防制洗钱及法令遵循机制的具体计划，并要求对外分行主管在就任前应依金融机构自行拟订之具体训练计划，参加相关训练课程及测验，充分证明其已具备防制洗钱及熟知当地法令规定之相关能力。

表 2.4　兆丰国际商银 2015—2016 年度净收益与税前损益变动情形

单位：新台币亿元

项目	2015 年	2016 年	变动率
利息净收益	354.86	350.45	-1.24%
利息以外净收益	143.29	101.36	-29.27%
净收益合计	498.15	451.81	-9.3%
呆账费用及保证责任准备提存	-5.45	35.93	-
税前净利	302.5	230.58	-23.78%

资料来源：兆丰商业银行 2016 年年报。

二、各类危机掀起各国金融开放政策大洗牌

1997 年亚洲金融危机之前，主要国家特别是东南亚国家对外资银行业的管制颇为严格。早在殖民统治时期，外资银行就曾是东南亚各国银行业的主体。二战后至 20 世纪 80 年代末，东南亚各国大多限制外资银行的进入。危机发生后，除了马来西亚之外，泰国、菲律宾、印度尼西亚等国的银行业政策发生重大改变，加快了银行的重组与改革，大幅放宽外资银行准入标准，把吸引外资参与本国银行业重组作为一个战略性措施。对于外资银行而言，它们赢得了绝好的市场机会，处于困境中的这些国家的金融资产价格大幅下降，并购成本相对较低。台湾银行业者在这次危机后展开了对东南亚各国廉价的金融收购。台湾"中央银行"曾表示鼓励台湾金融业积极参与收购与投资东南亚银行业。1998 年 3 月，台湾决定成立"东南亚投资公司"，计划筹集 200 亿新台币，投资东南亚国家的上市、未上市及其他类型的产业公司，并与东南亚一些国家接触商议签署金融紧急援助协定。根据台湾"经济部投审会"的统计，1999年台商在泰国、马来西亚的金融保险业投资额分别占其投资总额的34.9%和66%。（胡晓，2006）

2008年的金融危机和欧债危机的影响要从两方面来看。一方面在布局上，危机使得欧美银行如履薄冰，美国银行开始收缩在国外的布局，注意力转移到国内。风暴使得美国大型跨国银行元气大伤，影响了其在国外市场的布局。一直积极向亚洲企业和开发项目提供资金的欧洲银行为维持自有资本比例纷纷开始减少融资，不断的裁撤网点。亚洲的大型银行则借此机会纷纷扩大业务，抢占欧美银行紧急回收资金留下的市场。台湾的若干银行也在此时获得"财政部"支持，推出拓展越南、泰国、印度等国的计划，加速正在东南亚布局。另一方面在资产规模上，危机的确影响了实体经济，低迷的经济形势使得银行业的业务规模受到了一定的影响。2009—2012的4年里台湾银行业对外资产负债规模增长速度明显放慢，这在下一章中会再次提及。

三、国际形势和两岸关系对银行业对外投资有很大影响

如上所述，银行业的对外投资不是完全的市场化行为，不仅要受制于东道国和地区的金融开放政策，也受到国际形势、两岸关系的影响，东南亚市场的投资体现得尤为明显。20世纪80年代中期，台湾大幅放宽外汇管制，制造业赴东南亚投资引来了首度高潮。继1992—1993年间台商对大陆的投资突增之后，为减轻对大陆经贸依赖度，当局于1994年启动第一次由官方主导的，党产、公营企业为带头兵的"南向政策"。最为著名的有，台湾地区与菲律宾签署了官方协定，由台湾"国际"经济合作基金提供6000万美元低息贷款来改善苏比克湾基础设施状况，提供菲律宾中小企业1500万美元用于转融资和采购岛内机械设备、零组件、原料等。在越南，台湾当局提供4500万美元贷款以协助其开发工业区、拓建公路以及中小企业融资等。在这一波政治主导的热浪中，银行业投资作为配套服务也被调动起来。相反，为了满足两岸经贸往来在两岸关系尚未破冰的情况下的金融需求，台湾银行业只能密集前往香港设点。

2016年初，台湾再次政党轮替，民进党当选后随即推行"新南向政策"。台湾"金融监督管理委员会"随即配合该政策提供金融支援。一方面，鼓励台湾银行业在兼顾授信风险下，对岛内企业或当地台商扩大授信。对此，该会制定了"奖励'本国'银行加强办理于'新南向'政策目标国家授信方案"，增加银行放款意愿，对办理业务绩优的银行业者予以表扬。另一方面，协助岛内银

行于"新南向"国家增设网点。台湾银行业公会也于 2016 年 9 月 10 日在该会网站设立"新南向"政策融资专区，提供各银行融资服务咨询窗口。[①] 截至目前，政策宣导对台湾银行业对外投资已经造成了干扰，相关内容在第三、五章会详细阐述。

总之，台湾银行业对外投资主要有经济、政治两类目的。冷战时期，政治意义与经济意义几乎平分秋色，部分网点更是"外交"或"政治结盟"的产物。时序进入 20 世纪 80 年代，冷战氛围已大幅缓解，中华人民共和国与各国纷纷建交致使台湾当局对经济发展愈加依赖与重视，除去"南向政策"的影响，在此之后 30 年的银行业对外投资纯粹以经贸为考量，日益激烈的岛内竞争、日益削弱的岛内营收逼迫银行不得不走出海岛求生存，恰逢其时岛外各国和地区实施金融自由化，不同程度的接纳了台湾银行业者的对外分支机构。就现阶段的岛内环境而言，市场完全饱和，金融改革之后保持着动态性结构稳定状态。台湾银行业者越来越敏锐的捕捉外部市场讯息，越来越重视东道国或地区因素，正以市场占有率为阶段性目标，以利润最大化为最终目标进行战略布局。值得一提的是，近几年科技金融技术的巨大浪潮，也将对银行业对外投资产生影响。大陆的互联网金融方兴未艾，极大地改变了民众使用金融服务的模式，也给银行业的经营带来了不小的压力。客观而言，在近年来的金融技术创新潮流中，台湾并不在前列。纵观"金管会"和各大银行的年报，都给予金融科技莫大的重视。然而，台湾缺少金融科技发展的土壤，密集的金融服务网点、日臻完善的金融服务极大地满足了台湾社会的金融服务需求。换言之，金融服务的模式基本固化，金融科技创新缺乏市场动力。不难预计，台湾银行业者未来将通过对外投资，重新调整对外投资的地域布局来提高金融科技水平。

---

① 银行业之外，台湾"金管会"还辅导台商运用岛内资本市场筹措资金：为让台湾资本市场提供"新南向"国家的优质台商企业和稳定的筹资平台，将由证交所及柜买中心设立专责辅导联系窗口，随时回应台商询问，并赴"新南向"国家办理招商说明会及拜会台商企业，吸引台商回台上市。

第三章　台湾银行业对外投资的宏观概貌

本章从规模、商业存在形式、区域分布、资金结构等方面勾勒台湾银行业对外投资的整体概貌，同时纠正一些容易混淆的事实。尽管囿于资料所限，本研究无法找到连续性的数据资料，无法呈现持续性的台湾银行业对外投资的变迁，但并不影响对关键问题的把握。

3.1 台湾银行业对外投资的规模比较

银行业对外投资的规模一直在不断地提升。只有通过比较才能够更加清晰的了解银行业投资在台湾外向型经济发展战略中的地位，才能够更加深刻的理解在"国际"分红和产业转移的浪潮下，对外投资对于台湾银行业的重要意义。

一、银行业对外投资在整体对外投资中的地位日益重要

台湾银行业对外投资在 1988 年才得到当局积极的鼓励和支持，在此之前大多是服务经贸发展的被动需要，规模性的对外投资是在 20 世纪 90 年代中期之后，随着竞争的日益激烈采取的主动需要，亚洲金融危机爆发之后，台湾银行业纷纷以兼并、收购的形式进入东南亚市场。表 3.1 显示了金融业对外投资的总体规模。银行业作为性质特殊的企业，这里的投资额是指由母行汇出的用于对外分支行和子行建立实收资本的金额，不包括同业存款、同业拆借等融资金额。尽管囿于统计方法的限制，台湾"经济部统计处"将银行业、证券业和保险业合并统计，但银行业资产占整体金融业的比重往往在 80% 以上，该表依然具有很强的说服力。

首先，通过计算不难发现，在台湾总体对外投资中，尽管制造业依然是对外投资的主流，但是其投资金额占比不断下降。与此相反，虽然金融业对外投资金额的波动性比较大，但已经显示出比重不断上升的趋势。2012 年和 2014 年金融业对外投资占总投资的比重超过 30%，2015 年该比重更是超过 40%。不

难推测，随着制造业转移热潮的褪去，以台湾银行业为代表的金融业在对外投资中的地位将越来越重要。

其次，表 3.1 纠正了我们固有的认知，即当对外投资地区不包含大陆时，台湾金融业投资规模在多数年份是要高于制造业的投资。数据显示，在不含大陆的其他地区，台湾金融业对外投资占比在近 15 年中就有 6 年是高于 50%，只有 2016 年的该占比低于 30%。2017 年，金融业对外投资占比接近 70%。相反，在这些地区，台湾制造业对外投资在多数年份都是低于 50%。2017 年，台湾制造业在非大陆地区的投资额仅有 16.83 亿美元，占比不到 15%。若以 2001—2017 年的累计额来看，结果更具说服力：不含大陆的其他地区金融业累计投资额占比为 50%，相应的制造业累计投资额占比为 31.5%。之所以存在这样的认知偏差，部分原因在于制造业对外投资案件的数量多，产业类别广，吸纳就业的人数多，在这种情况下掩盖了企业规模小，投资金额较小的问题。

表 3.1 2002—2016 年台湾制造业、金融业对外投资规模

单位：亿美元

年份	大陆地区			非大陆地区		
		制造业	金融业 [1]		制造业	金融业
2002 年	67.23	60.78	0.72	33.70	8.66	18.58
2003 年	76.99	68.08	0.83	39.69	7.44	25.89
2004 年	69.41	62.85	0.70	33.82	15.29	13.58
2005 年	60.07	52.82	0.35	24.47	6.62	14.31
2006 年	76.42	66.49	0.84	43.15	15.08	21.48
2007 年	99.71	87.66	1.18	64.70	15.17	46.49
2008 年	106.91	87.61	2.56	44.66	18.83	18.00
2009 年	71.43	58.92	0.49	30.06	9.08	13.95
2010 年	146.18	108.41	5.00	28.23	11.07	12.49
2011 年	143.77	103.75	12.56	36.97	9.23	15.46
2012 年	127.92	75.19	17.26	80.99	25.34	47.60
2013 年	91.90	51.21	19.01	52.32	27.24	8.03
2014 年	102.77	65.79	16.59	72.94	14.09	36.23

年份	大陆地区			非大陆地区		
		制造业	金融业[1]		制造业	金融业
2015 年	109.65	64.86	27.86	107.45	28.99	60.82
2016 年	96.71	71.12	13.63	121.23	64.38	33.94
2017 年[2]	95.58	——	——	115.73	16.83	80.15

注[1]金融业包括银行、保险和证券业。[2]2017 年统计口径变更，数据无法获取。

数据来源：台湾"经济部统计处"，本研究整理，2018 年 7 月。

再者，制造业一直是台湾对大陆投资的重点，近 15 年来台湾制造业投资占台湾地区投资大陆总额的占比都在 80—90% 左右。其中，尽管 2013 年制造业占比最低，但相应的数额依然也达 55.7%。2016 年底，台湾制造业投资占台湾地区投资大陆总额的占比达 73.5%。近年来，随着制度藩篱的消除，台湾金融业对大陆的投资迅猛增加。从 2011 年开始，台湾金融业投资大陆的金额呈现数十倍增长。21 世纪初的几年，台湾金融业投资大陆的金额还不到 1 亿美元，近五年来已有十几亿美元之巨。2015 年，金融业对大陆投资金额为 27.9 亿元，占总投资额的比重达到 25.4%，增速惊人。可以预计，以银行业为代表的台湾金融业将是下一阶段两岸产业合作的重点，该比重将继续增加。本研究将在后续将台湾银行业投资大陆作为单独章节来做深入的分析。

二、银行业对外投资在全行的地位日益重要

银行业对外投资是岛内母行在立足本地市场基础上的对外延伸。这种延伸是主客观多种因素共同推动的结果。上一章节已经对台湾银行业对外投资的内外背景做了详尽的分析。随着时间的推移，对外延伸的必要性越来越大。目前，绝大部分台湾银行业者都纷纷推出了"国际化"、区域化战略，投资意愿从被动、半被动逐步转为主动。如今，对外分支行和对外子行在母行的地位已经凸显，并且随着母行"国际化"与区域化程度，金融科技竞争力与资金融通能力的不断提高，对外分支机构的地位将越来越重要，换言之，"浅碟子"外向型的发展模式不仅适用于宏观经济，也适用于台湾银行业，岛内体量偏小的事实使对外业务显得格外重要。图 3.1 用数据显示了这一重要性。如图所示，台湾银行业对外机构资产、负债和净资产占全行的比重不断上升，15 年间增加近 10 个百分点。2017 年底，对外机构的资产比重已经达到 17.6%，对外资产增速略微高于岛内资产增速。值得一提的是，2008 年爆发的金融危机对台湾银行业对外机构的造成了一定的影响，但是影响的时间十分短暂。从数据中可以看出，2009—2010 年对外机构总资产占全行总资产的比重仅仅下降了 1 个百分点。2011 年，该比重已经恢复至危机前的水平，且在随后的几年呈现大幅的上升。据悉，若干跨国银行的母行在这次危机中遭遇危机，导致通过裁撤对外分支机构，收缩外部战线，来填补或停止亏损。相反并未有数据表明台湾银行业及其对外机构存在这样的现象。对外分支机构的地位在税前利润上体现得更加明显。对外机构税前利润占全行税前利润的比重非常高，近年来已经占到了 1/3。其中，2002、2006 和 2007 年台湾银行业岛内业务呈现亏损，而彼时对外机构则是持续盈利的，这更加彰显了后者的价值。值得一提的是与资产负债占比相比较，对外业务资本占比的落差平均达 8 个百分点，间接说明对外业务机构的资本充足率较低，不排除对外分支机构与总行有财务调度方面的联系，从而降低对外业务机构资本充足率的实际要求。但若要深耕对外业务，特别是随着银行的当地化，提高对外分支机构资本充足率是必然趋势。尽管官方没有统计子行的资产数据，从以下几个典型案例中不难推测对外业务对于台湾银行业所具有的重要意义。台湾中国信托商业银行在 2014 年收购日本东京之星银行后，次年日本子行的营业收入占比便达到了 14.72%，2016 年该比重提升至 16.86%。（台湾中国信托商业银行年报，2016）无独有偶，台北富邦商业银行海外子行的营业收入占比也达到 14%。（台北富邦商业银行年报，2016）

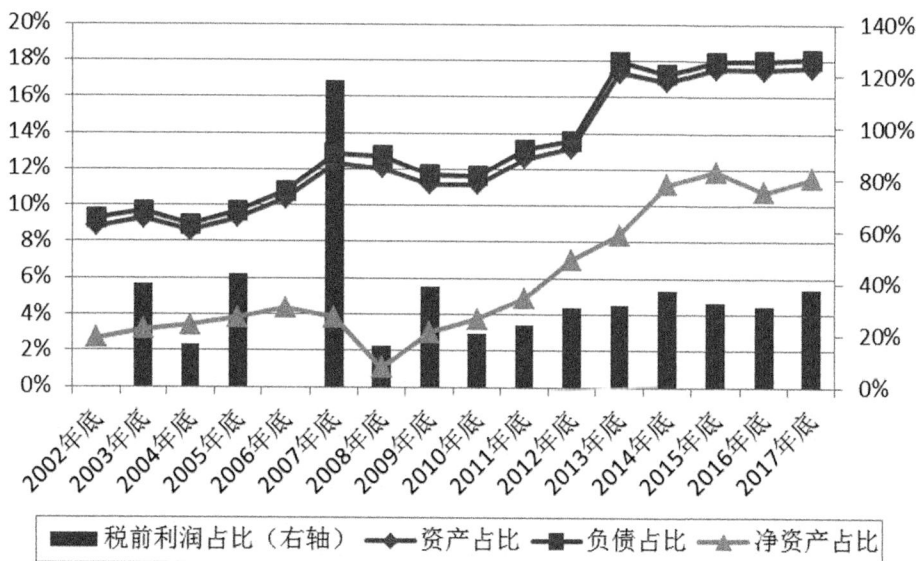

图 3.1　台湾银行业对外机构的资产、负债、净资产、税前利润占全行的比重

注：此处的对外机构是对外分行与"国际"业务分行 OBU 的统一，不包括对外子行，下同；2002 年、2006 年和 2007 年台湾银行业岛内机构出现亏损，为了保证图片的视觉效果，2002 年和 2006 年的利润占比并未显示在图中，数值分别为 –10.6%、–577.5%。

数据来源：台湾"中央银行"，"台湾银行营运绩效季报"，本研究整理，2018 年 7 月。

三、银行业对外投资在不同商业存在形式之间发展并不均衡

目前，台湾银行业对外投资的资产规模呈现 OBU 最多，其次对外分支行，子行的规模最小的格局。

如上所述，OBU 作为离岸业务在客户的性质、资金的流向及其与岛内银行的关系上都与对外分支行有着很大的相似之处，台湾的货币主管机关将二者合并统计，进而在第四章的分析中也是合并分析。然而，二者的区别却不容回避。首先，OBU 是以账户形式存在的非实体机构，没有专门的人事和软硬件设备。其次，OBU 几乎不受其他国家和地区金融制度和政策的约束，特别是不会受到市场准入制度的约束。约束 OBU 的制度、政策规范依然来自当局，主要是"财政部"颁布的"国际金融业务分行管理办法"。再者，OBU 的覆盖面更广。目前，39 家台湾本土银行中有 38 家设立了 OBU，只有"全国农业金库"没有设立。相反，设立了对外分支机构的台湾本土银行只有 22 家。

从近几年的数据来看，OBU 的资产规模远远大于对外分支行。2002 年底，OBU 的总资产为 503.18 亿美元，而同期统计的 OBU 及"国外"分支机构总资产折合当时的美元汇率为 557.54 亿美元。换言之，2002 年底，对外分支行的总资产仅为 54.36，规模仅仅只是 OBU 的十分之一。2016 年底，OBU 的总资产为 1860.25 亿美元，而同期统计的 OBU 及"国外"分支机构总资产折合当时的美元汇率为 2592.48 亿美元，即 2016 年底对外分支行的总资产为 732.23。经过多年的努力，对外分支行规模仅仅只是接近 OBU 总资产的 40%。对于 OBU 而言，1992—2002 的 10 年间，OBU 的资产规模在名义上增长至 2.12 倍。由此可见，新世纪后的这些年的年化增长率更高。OBU 的相对成功体现制度设计的优越性，显示了走出台湾岛的台商对于便利化的资金调度、审慎的投资利润管理有着较高的要求。随着对外经贸往来越来越强调在地化，OBU 与对外分支机构的业务规模之间是否将存在此消彼长的关系，是值得未来继续深入研究的议题。尽管规模远小于 OBU，但对外分支行的资产增速相对更快。2002—2016 的 14

年间，在不考虑货币购买力的情况下，OBU 的资产规模在名义上增长至 3.7 倍，而对外分支行的资产规模则增长至 13.5 倍。由此可见，在 21 世纪的这些年，台湾银行业通过对外设立机构，市场拓展取得了巨大的成功。另外，由于台湾银行业在岛外的子行数量少，规模小，子行的总资产规模在 2017 年底达到 600 亿美元，OBU 在 2017 年 6 月底的总资产额便已达到 2020 亿美元。在规模上，子行远远小于 OBU，也小于对外分支行。对外分支行在 2017 年底的总资产大约为 810 亿美元。随着台湾银行业日益重视东道国和地区的本地市场，这个相对结构会不断地调整，子行的份额会不断增加。

3.2 台湾银行业对外投资的商业存在形式与区域分布

既然台湾银行业对外投资在台湾整体对外投资的地位如此重要，对于母行的战略意义如此重要，很有必要详细研究他们的商业存在形式及其在岛外的区域分布。银行对外投资主要有三种组织形态，即办事处、分行、子行和 OBU。其中，子行又细分为 100% 控股子行和不完全控股子行两种。正如第二章所述，银行业并不能完全根据自身的偏好来选择商业存在形式，往往要受到东道国或地区法律及政策的制约。不仅如此，根据东道国或地区的具体情况，对外投资还呈现出其他新兴形态，如消费金融公司、贷款公司、融资租赁公司等。需要指出的是，由于 OBU 在母行及其岛内分行中是以独立的部门、独立账户的形式存在，并未设立额外的经营实体。根据"'国际'金融业务条例"的规定，OBU 设置于总行之内。因此，本节的论述中不包括 OBU。本研究力图展现数十年来台湾银行业对外投资的地域网络的拓展轨迹和商业存在形式的变迁。由于数据资料十分有限、零散，本研究着重描写两个阶段的情况。

一、政策推动的初期阶段

第一个阶段是 20 世纪 90 年代中期之前。如第二章所言，早年的台湾银行业既是公营银行本着正常的经贸需要和当局若干"外交"、政治考量的结果，又是民营行库经营的自然延伸。总体而言，早年的对外投资是不成规模的。1988 年起，情况发生了转折性的变化。当年，台湾当局开始鼓励银行对外设立分支机构。随后几年，银行业纷纷对外设点。1993 年，台湾允许设立新银行，随后几年批准成立了数家银行。1994 年台湾当局正式实施南向政策，鼓励台商前往东南亚国家和地区投资。正因为经历了政策的重要变化，20 世纪 80 年代末至 90 年代初这一时期的商业存在形式和区域布局的变化值得研究。表 3.2、3.3 分别从银行、期限两个维度刻画 20 世纪 90 年代早期和中期台湾银行业对外投资的情况。

首先，这一时期的对外投资的主体是大型公营银行。截至 1992 年底一共有 12 家银行开展对外投资，包括大型公营银行、民营银行和政策性银行等。台湾中国国际商业银行（为兆丰国际商业银行的前身）是这一时期台湾银行业对外投资的主力，是对外分支机构最多的银行。截至 1992 年底，该行在岛外一共设立了 10 家分行和若干家办事处。"三商银"在对外投资上也颇有建树。其中，仅次于台湾中国国际商业银行的是第一银行，该行在岛外设立了 6 家分行。台湾银行尽管是业界翘楚，但在对外投资方面并不靠前。更吃惊的是，目前对外投资设点最多，台湾"国际化"程度最高的台湾中国信托商业银行在 1992 年之前还尚未正式踏足岛外市场。

其次，这一时期对外投资的商业存在形式以分行为主。在 12 家对外投资的台湾银行中有 9 家银行设立了分行。没有设立分行的业者分别是"中信局"、台湾中小企业银行和台湾中国信托。与此同时，只有台湾银行和台湾交通银行等 2 家银行在荷兰设立了子行。分行、子行和办事处的数量分别为 30 家、2 家和 18 家。最典型的为台湾中国国际商业银行，此时对外共有分支机构 18 家，其中就有 10 家分行。这时期已经有其他形态的金融机构存在，如贷款公司、储蓄机构、艾奇法公司等，根据东道国法律规定，经营部分银行业务，简称准银行。

再次，这一时期对外投资的区域已经遍布世界各大洲，投资重点在不同地区转移。表 3.2 所示，北美、东南亚、欧洲以及加勒比海地区都有台湾银行业者的身影。表 3.3 显示了 1991 年至 1995 年间台湾银行业对外投资的机构数量和区域结构的动态变化，由此可以看出重点投资区域变化，即体现为三大洲之间及其内部的此消彼长。其一，美国依然是台湾银行业对外投资的核心地区，但由于其机构数量增加并不快，其绝对优势地位相对被削弱。1991 年，台湾银行业对外投资各类机构数量最多的区域是北美，其中在美国的机构有 19 家，占比超过 40%。纽约和洛杉矶是投资最为密集的城市。这五年间，台湾银行业的各类机构增加了 28 家，但位于美国的机构数量仅仅只增加了 2 家。位于美国的机构数量占比下滑至 28%。其二，欧洲在 20 世纪 90 年代备受台湾银行业者青睐。1991 年，位于欧洲的各类机构数量仅有 9 家。1995 年，该数量便增加至 20 家。其中，英国和荷兰增加最多，分别增加了 4 家与 5 家。伦敦和阿姆斯特丹是主要设点的城市。尽管金融中心的地位已经被取代，但 90 年代的阿姆斯特丹仍是欧洲举足轻重的国际贸易城市，台湾银行业不断增加在这里设点，以便于与欧洲开展进出口贸易。其三，亚洲的机构数量增长最快。香港和东京这两个国际金融中心对于台湾银行业极具吸引力。实际上，在 20 世纪 90 年代初，现如今的投资热点区域在当时尚未成为投资的重点。新加坡作为华人地区的金融中心，也不过仅仅设立了两家分行。香港连一家分行都没有，仅有几家办事处。这五年间，位于香港的机构数量增加了 6 家，位居所有国家和地区之最。在海峡两岸的经贸往来中，香港的作用举足轻重，承担着货物转口、转运，资金融通和人员互动等角色。随着往来不断热络，香港成为台湾银行业在亚洲布局的桥头堡。台湾地区和日本的经贸往来长久以来都十分热络的。日本的机构数量多于新加坡。值得一提的是，尽管在泰国、印尼和菲律宾设立了一些机构，但东南亚在这一时期还未成为台湾银行业的重点，新加坡作为东南亚资金调度中心，机构数量不增反减，明显少于其他金融中心。

另外，作为著名的"免税天堂"，开曼群岛、巴拿马早在 20 世纪 90 年代初就有台湾银行业驻点，台湾中国国际商业银行更是在巴拿马拥有两家分行，第一银行在开曼群岛设立了一家分行。尽管非洲与台湾经贸往来有限，但作为银行业老大的台湾银行却在南非设有网点，这是政策导向的结果，即银行对外分支机构履行了部分"外交"功能。

表 3.2 截至 1992 年底台湾银行对外设立分行一览表：银行别

注：美国包含 纽约、洛杉矶、芝加哥、圣荷西、西雅图、休斯敦、旧金山；日本包含 东京、大阪。

银行	纽约	洛杉矶	芝加哥	圣荷西	西雅图	休斯敦	旧金山	荷兰	东京	大阪	英国	德国	新加坡	巴拿马	香港地区	泰国	法国	加拿大	澳洲	开曼群岛	沙特	巴林王国	菲律宾	印尼	南非	奥地利
台湾银行				●				●▲			✓														●	
兆丰国际商银：台湾中国国际商银	●	●	●	●	●		✓	●□	●	●											✓	✓	✓			
"三商银"：台湾交通银行		●						▲												●						
第一银行		●		●				●	✓	✓	●	●	●	●	✓											
彰化银行		●		●							✓	✓	●	●	✓											
台湾华南银行		●		●	●				□		✓	✓		✓	✓											
"中信局"																			✓							
台湾输出入银行								✓																		
台北市银						●																		●		
台湾农民银行							●																			
台湾中小企银																●	●			●						
台湾中国信托商银	□						□											□								□
总数	19							7	5		4	3	3	3	3	1	1	1	1	1	1	1	1	1	1	1

注：●分行；▲子行；□其他金融公司；√代表人办事处。

资料来源：林鸿儒：《赴美国研究对外设立营业网点之可行性报告》，1992 年 12 月。

表3.3　20 世纪 90 年代初台湾银行业对外分支机构统计：期限别

时间别＼地区别	总计	北美洲			中美洲			欧洲						
		计	美国	加拿大	计	巴拿马	墨西哥	计	英国	法国	德国	荷兰	匈牙利	比利时
1991.09	46	20	19	1	3	3		9*	2	1	2	3		
1992.09	59	21	20	1	3	3	0	17	5	1	4	7		
1993.09	69	23	21	2	3	2	1	19	5	1	3	8	1	1
1994.09	72	23	21	2	3	2	1	20	6	1	3	8	1	1
1995.06	74	23	21	2	3	2	1	20	6	1	3	8	1	1

续表 3.3

时间别＼地区别	亚洲										大洋洲	非洲
	计	日本	泰国	菲律宾	新加坡	香港	印尼	越南	巴林	沙特	澳洲	南非
1991.09	13	4	1	1	3	1	1		1	1	1	
1992.09	16	4	1	1	3	3	2		1	1	1	1
1993.09	22	6	1	2	2	5	2	2	1	1	1	1
1994.09	24	6	1	2	2	6	2	2	1	1	1	1
1995.06	26	6	3	2	2	7	2	2	1	1	1	1

注：*1992 年 3 月底，位于奥地利的一家台湾银行业分支机构解散。

资料来源：戴淑珍：《银行对外购并、合资及设立子公司之研究》，《台湾省政府所属各机关因公外事人员外事报告书》，1995 年。数据依照核准数据统计。

二、两岸制度藩篱削除的初期阶段

囿于台湾当局意识形态的阻挠，两岸在国民党二次执政以前无法签订金融监管协议。在大陆对于台商的吸引力与日俱增的情况下，台湾银行业者却无法进入大陆设点，只能退而求其次，加大对香港和东南亚国家的投资力度。2008年以来，两岸制度藩篱逐步消除，这是 21 世纪以来台湾银行业对外投资所面临最重大、最利好的外生变量，影响深远。分析这一时期的商业存在形式和区域布局的情况，有助于了解在重大政策转折期银行业者的反应能力和速度。

随着近年来台湾银行业纷纷赴大陆设点。不论是商业存在形式还是投资的区域结构，十余年后台湾银行业的对外版图已经出现较大的不同。表 3.4 和 3.5 分别从区域、机构两个层面展示台湾银行业对外投资的商业存在形式。

台湾银行业在 21 世纪初经历了多起机构合并与更名，银行规模及名称已大有不同。不仅有公营银行相互合并，如台湾银行主并"中央信托局"，合作金库主并台湾中国农民银行，台湾中国国际商业银行与台湾交通银行合并成兆丰国际商银，也有外资银行收购本地银行，如渣打银行收购新竹国际商业银行，花旗购并华侨商业银行等，更多的是民营银行之间的合并，如世华联合商业银行与国泰商业银行合并成国泰世华商银，台北银行和富邦银行合并成台北富邦商银，建华银行与台北国际商业银行合并成永丰银行等。合并后，主并银行或者新银行随即拥有了被合并银行的对外网点。因此，若以合并后的银行的角度来看银行数量的增长情况，20 世纪 90 年代初对外投资的银行有 10 家，2010 年增至 17 家。如表 3.5 所示，截至 2017 年底，台湾一共有 22 家银行对外投资设点，占台湾本地银行总数的 60%。投资所在的国家和地区一共有 25 个，遍布全球五大洲。尽管没有连续的数据，但通过和 90 年代初期的情况进行比较，能够大致了解 20 年间台湾银行业对外投资的动态变化，主要体现在以下几个方面：

（一）台湾银行业对外投资的区域结构有所调整，亚洲的重要性提高

对于规模相对较小的台湾银行业来说，清晰的区域定位是实现资源优化配置的首要前提。

台湾银行业在欧洲的投资布局早在 21 世纪初就大幅下降，目前只在英国、法国、荷兰和比利时等 4 个国家有布局设点，且绝大部分设于伦敦。除了伦敦之外，台湾银行业已经纷纷撤出了法兰克福和阿姆斯特丹这两个重要的国际金融中心。20 世纪 90 年代初、中期设在德国和匈牙利的机构已经不复存在。台湾银行、第一银行和华南商银早在 2000—2002 年间先后关闭了在法兰克福的办事处，完全退出德国市场。台湾银行业者纷纷裁撤在阿姆斯特丹的机构。表 3.2 中的台湾银行和彰化银行在阿姆斯特丹设立的分行在 2004 年、2005 年相继裁

撤。如今，只剩下兆丰国际的一家分行还继续在当地经营。台湾联合银行作为唯一的欧洲子行，在比利时的规模非常小，只有银行总部，并无任何分行网点。

出于投资、贸易、技术和移民的需要，北美始终是台湾银行业布局的重镇。截至 2017 年底，台湾银行业在美国一共设有 22 家分行和 3 家子行，远远超过了除大陆和香港之外的其他国家和地区。然而，由于这些机构的经营规模不大，经营绩效不甚理想，在 2009 年金融风暴及两岸金融市场开放的双重影响下，为实现资源优化配置，北美的分支机构发生了有史以来第一波裁撤浪潮。例如，台北富邦商银先后关闭了纽约分行和洛杉矶分行，于 2016 年完全退出美国市场。

永丰商银从 2009 年开始，不断裁撤其美国子行的分支机构，并于 2017 年将子行完全出售。台湾中国信托的美国子行也在 2009—2010 年间相继裁撤了 14 处网点，而在此之前的十余年都是处于扩张状态。在加拿大，台湾银行业的网点并不多。仅有的两家子行在 2014—2016 年间也开始裁撤分支机构。随着分支机构的裁撤，在美国的业务规模也随之缩减。

与欧洲和北美以经济因素为主导有所不同，在与台湾地区存在"外交"关系的国家，台湾银行业分支机构的新建与裁撤都是以服务于政治为目的。为巩固与"邦交国"的关系，台湾都给予对方一定规模的贸易、投资援助，会指定若干公营银行在当地设立网点以利资金便利。随着多边形势的变化，台湾的"邦交国"正在逐步减少，双边经贸活动随即减少、暂缓以至终止。21 世纪至今，台湾银行业在巴拿马、巴拉圭、萨尔瓦多、帕劳的分行相继关闭。随着台湾"外交"陷入窘境，没有银行再同意耗费资金去这些小国设立分支机构。如今，只剩下兆丰国际巴拿马分行一家依旧维持经营。

在欧洲、北美及中南美的布局有所缩减的情况下，亚洲的重要性明显的提高。其中，与上一阶段最为根本的区别在于大陆已经成为台湾银行业对外投资最密集、最重要的区域。短短数年间，台湾银行业在大陆设立了 23 家对外分行和 5 家法人银行，机构数量已经超过了投资多年的美国。不仅如此，与 20 世纪 90 年代中期相对较少的布局相比，新加坡和越南的分支行数量增长非常快，已经成为这几年来台湾银行业投资的热土。新加坡作为区域性金融中心，在近年来台商赴东南亚投资、赴大陆投资中起到了至关重要的作用。越南则是继大陆之后产业转移的重点地区。除了越南之外，东南亚其他国家如菲律宾、柬埔寨也为台湾银行业所青睐。2016 年之后，情况又有了新的变化。台湾银行业前往澳大利亚和东南亚国家投资设点的比重在上升，速度快于在大陆的投资。2017年至今，在澳大利亚已开业分行与"金管会"审核通过的未开业分行一共有 4 家。2017 年，"金管会"审核通过的在东南亚设立的子行就有三家，分别是彰化银行的柬埔寨子行、国泰世华的马来西亚子行和台湾中国信托在泰国参股35.6% 的当地银行。

2017 年以来，菲律宾增加了 3 家分行，1 家已经开业，2 家审核通过。反观大陆，设立分支机构的步伐则略有放缓，2017 年至今只增加了 3 家分行和 1 家子分行。

（二）台湾银行业对外投资的商业存在形式日益多元化

首先，分行依然是台湾银行业对外投资的主导和首选。在 21 家对外投资的银行中，只有 2 家银行没有对外设立分行。分行已成为各国和地区普遍接受的外资银行的商业存在形式，尽管所允许对外分行从事的业务内容各有不同。在25 个国家和地区中，台湾银行业只有在比利时、韩国、泰国和印尼等 4 个国家没有设立分行。截至 2017 年底，台湾银行业的对外分行数量已经达到 142 家。因此，分析和研究 OBU 和海外分支机构的经营状况具有极其重要的价值。

其次，子行及其下属分支机构的数量增长很快。截至 2017 年底，台湾银行业在岛外的 12 个国家和地区一共设立了 21 家子行。这种现象既说明了各国金融市场开放程度普遍提高及台湾银行业竞争力有所提升，更说明了银行业者发展战略发生重大转变。如表所示，区域层面，东南亚地区拥有 7 家子行，数量最多。大陆拥有 5 家子行，已呈现出明显的后来居上的态势。就子行的股本结构而言，台湾银行业倾向于设立独资子行，绝大部分子行是台湾银行业独资的法人机构。然而，持股比例也受到东道国和地区政策的影响，这点在东南亚体现得尤为明显，台湾中国信托商业银行泰国子行、国泰世华银行越南子行、玉山银行柬埔寨子行便是例证。另外，如上所述，20 世纪 80 年代末鼓励对外设点之时，台湾还是公营银行独霸天下的局面，而自民营化运动启动至今平均已有 20 年（不同银行改革时间不同），这 21 家对外设点的台湾银行业者在股东结构上已大为迥异。截至目前，台湾银行、土地银行和台湾中国输出入银行是仅有的三家由当局全资持有的银行。正如此，公营银行的对外子行设立较难，这三家银行对外皆没有设立法人机构。据悉，2014 年台湾银行计划在大陆设立子行，但申请未被当局批准。

再次,以融资租赁、消费金融、产业基金为代表的新兴金融业态开始崭露头角。目前,台湾银行业在岛外一共投资设立了 16 家非银行金融机构,涵盖了财务公司、产业基金、资产管理、融资租赁、消费金融等 5 大类。其中,9 家融资租赁公司悉数位于大陆境内。融资租赁已经成为台湾银行业者进入大陆的热门选择,尤其受到资产规模较小的银行业者的青睐,如台湾工业银行、台中商业银行和台湾上海商业储蓄银行等,其全行资产排名均较为靠后。现有的两家产业基金均由台湾工业银行投资,瞄准美国有潜力的高科技企业。值得一提的是,台湾工业银行在台湾经济发展中扮演着提供专业的投资银行服务,扶植策略性新兴事业发展,加速岛内产业体质的改造与转型的角色。随着大陆高科技产业的迅猛发展,来自台湾的产业基金有望逐步增加。

最后,台湾银行业对外投资了少量的非金融机构。在岛内,银行业投资非金融业十分普遍,除了设立与主业相关的咨询服务公司之外,银行转投资的非金融业具有产业范围广、企业数量多、股份占比少等三个特点。然而在岛外,银行转投资非金融业要不仅受到东道国和地区的管制,也难以克服跨制度、跨文化、跨行业所带来的风险,因此投资于岛外的非金融机构非常少。既有的投资大致分为两类,一类是早年银行业配合制造业转移和进出口贸易而设立的,如兆丰国际商银在巴拿马设立的国泰仓库公司,玉山银行柬埔寨子行下设的不动产买卖租赁公司等。另一类是近些年台湾工业银行配合岛内产业升级需要而转投资的企业,产业领域包括化学工业、日化、食品餐饮等,台湾工业银行所占股份占比较少。

（三）对外投资的台湾银行业者众多,岛内外业务规模不成正比

具体就各家银行而言,如表 3.5 所示,资产规模位列台湾前 15 名的本土银行都在岛外布局。换言之,对外投资已经成为资产较大的台湾银行业者的必然选择。资产规模较小,排名靠后的 19 家本地银行中也有 7 家银行对外投资设点。不论是资金规模还是网点数量,台湾银行业对外投资的规模与母行的总规模并不构成严格意义上的正向关系。兆丰国际商银的对外资产规模最大,但其全行资产只位居第三位。第一银行在岛外有 19 家分行,数量仅次于兆丰国际商银,但其全行资产规模在岛内仅位居第 8。台湾银行作为岛内规模最大银行,其对外业务规模并不如其他几家银行。由此可见,尽管对外投资是必然选择,但是各个银行的对外发展战略、步伐各有不同。

表 3.4　台湾银行业对外投资的商业存在形式：区域别

	国别 / 地区别	分行	子行 [1]	子分行	其他 [2]
北美洲	美国	22	3	22	
	加拿大	2	2	6	
中南美洲	开曼群岛	1			
	巴拿马	1			1
欧洲	英国	5			
	法国	1			
	比利时		1		
	荷兰	1			
大洋洲	澳大利亚	13			
非洲	南非	1			
东北亚	日本	9	1	30	2
	韩国		1	1	
东南亚	新加坡	12			
	马来西亚	2			
	泰国		1	4	
	越南	12	1	12	
	菲律宾	5	2	28	
	柬埔寨	3	2	25	2
	印尼		1	11	
	老挝	2			
	缅甸	1			
南亚	印度	2			
	大陆	23	5	16	9
	香港 [3]	21	1	9	2
	澳门	3			
合计	岛外	142	21	163	16

注：[1] 子行是指持股比例在 50% 以上的银行。[2] 其他包括除了分行和子行之外的所有商业实体，但不包括离岛注册的账目公司。目前，主要有融资租赁、财务公司和消费金融

资等几种，另外还有少量的投资咨询、不动产投资以及其他实业。[3]在香港的子分行统计中，将在本岛、九龙、新界等地的分支机构视为营业部，从而与别的城市统一口径。

资料来源：各大银行 2017 年年报，本研究整理，2018 年 7 月。

表 3.5　台湾银行业对外投资的商业存在形式：机构别

全行资产排名[1]	母行名称	分行	子行	子分行	其他
1	台湾银行	11			
2	合作金库商业银行	12	1		
3	兆丰国际商业银行	21	2	6	1
4	台湾中国信托商业银行	11	5	82	3
5	台湾土地银行	7			
6	华南商业银行	12			1
7	国泰世华商业银行	6	3	28	
8	第一银行	19	1	5	3
9	富邦金控[2]	5	2	11	
10	彰化银行	6	1	3	
11	玉山银行	8	2	14	1
12	台新银行	4			
13	台湾中小企业银行	8			1
14	永丰银行	5	1	2	1
15	台湾上海商业储蓄银行	3			1
16	元大商业银行	1	2	4	
19	新光银行	1			
21	台中银行				1
23	远东国际商业银行	1			
25	联邦银行				1
30	台湾工业银行	1	1	8	2
合计	全行业	142	21	163	16

注：[1] 特指包括海外分支机构和 OBU 在内的全行资产排名，不包括岛外法人银行。[2] 富邦银行（香港）为富邦金控 100% 直接持股，是目前岛外唯一由金控持股的子行，本表也有纳入。

资料来源：各大银行 2017 年年报，本研究整理，2018 年 7 月。

3.3 台湾银行业对外投资的资金流向

商业存在形式、数量、区域分布是银行业对外投资的重要载体，是"国际化"、区域化战略的重要体现。然而，光有固态的载体的研究并不够充分。投资金额作为载体的核心内涵，展现了银行业在岛外真正的业务规模和实力。严格意义上，考察银行业对外投资的资金流向应该包括两个部分。一部分是母行分拨给对外分支行或子行的注册资本、营运资金等。这部分资金衡量的是母行对外投资最为核心的数据。在母行资产负债表中归为权益性金融资产或其他金融资产科目。另一部分是母行向对外分支行或子行的融资款。在母行的资产负债表中归为存放同业和拆借同业。在对外机构或子行的资产负债表中归为同业存款和同业拆借。不论是营运资金还是融资，最终都被对外分支机构或子行用于满足东道国或地区的监管要求，或者发放贷款。因此，两项数据之和才能真正体现出母行对于对外机构或子行在具体业务上的支持程度。然而，关于这两项数据是缺乏的。特别是母行投向对外分支行的资本金，在银行年报中也未能体现。

为了弥补这一数据缺憾，本小节从银行对外债权的视角来间接了解和分析银行业对外投资的资金流向。这一数据来源于"中央银行"统计的台湾银行的合并"国际"债权。在统计口径上，台湾银行共 39 家。其中，32 家本地商业银行，2 家政策性银行（台湾中国输出入银行和"全国"农业金库）以及 5 家外资银行。由于外资银行的资产规模占比极小，对数据分析并不造成太大影响。同时，统计遵循权责制，对外分支行与 OBU 不是独立法人，资产与负债皆隶属于岛内母行，涉及的对外债权须并入母行，与 DBU 构成对外债权的三大统计主体。换言之，为了避免重复计算，岛内母行向对外分支行的融资不纳入统计，而对外分支行对境外的投融资业务则是对外债权的重要组成部分。相反，岛内母行投资的，在东道国具有独立法人资格的对外子行尽管不属于统计主体范畴，但却属于统计的客体。母行对它的借款纳入对外债权的统计中。同样也为了避免重复统计，子行本身对境外（包括子行注册所在地）的投融资部不纳入对外债券的统计中。在统计内容上，对外债权的主要形式有对外贷款和国际市场购买证券两种。融资方可以是法律范围内的任何机构，包括银行、企业、政府或其他公权力部门。[①]证券包括政府或其他公权力部门发行的债券，金融部门发行的债券或者存单等其他债券品种为主。由此可见，从资金最终去向的角度看，对外债权数据与上述银行业对外投资的数据存在一定的重叠。不同之处有二：子行的资本金由于性质是对外股权而无法纳入。母行直接向境外借款，无须借助对挖分支行和子行，这部分业务被纳入，但不属于本文研究范畴。尽管如此，对外债权的资金流向在一定程度上体现台湾银行业对外投资的资金流向。

　　从负债部门的角度看，十余年间台湾银行业对外债权的客户群体结构发生了很大的变化。21世纪初，台湾银行业的对外债权中有相当一部分是同业业务。2001年，借给银行部门的资金占比超过50%。这说明尽管台湾银行业是"逐台商而居"，追随客户而至，但是在经营过程中依然会有数年时间面临市场拓展难以取得明显的成效的尴尬局面。换言之，银行业对外设点之初，都会面临客户群体不足的局面。从母行的角度看，21世纪初的对外业务的经营战略讲究"虚实并重"，同业业务与实体产业业务并重。如图3.2所示，随着时间的推移，同业业务出现了非常大幅度的下降。2011年，投向银行部门的对外债权仅仅占总债权额的20%，相比期初回落了近30个百分点。与此同时，投向民间部门的债权比重则提升了近30个百分点。结构的变化说明了21世纪初的十年间，台湾银行业对外投资的主客观环境发生了巨大的变化，市场拓展能力和本地化程度呈现大幅提高，成绩斐然。然而，2011年至今，宏微观经济形势发生重大变化，市场拓展能力遭遇了巨大的挑战。由于台湾"中央银行"未能继续公布2011年以后的对外债权数据，本节无法做分析。但相关的结论将在下一章用别的数据进行证实。

---

　　① 　与之不尽相同的是，一国或地区的外债认定采取地域原则制，外资银行（外国银行分行和外商独资、合资银行）是作为该国或地区的外债统计客体或对象，相反该国银行境外分行、子行与OBU不纳入统计范畴。

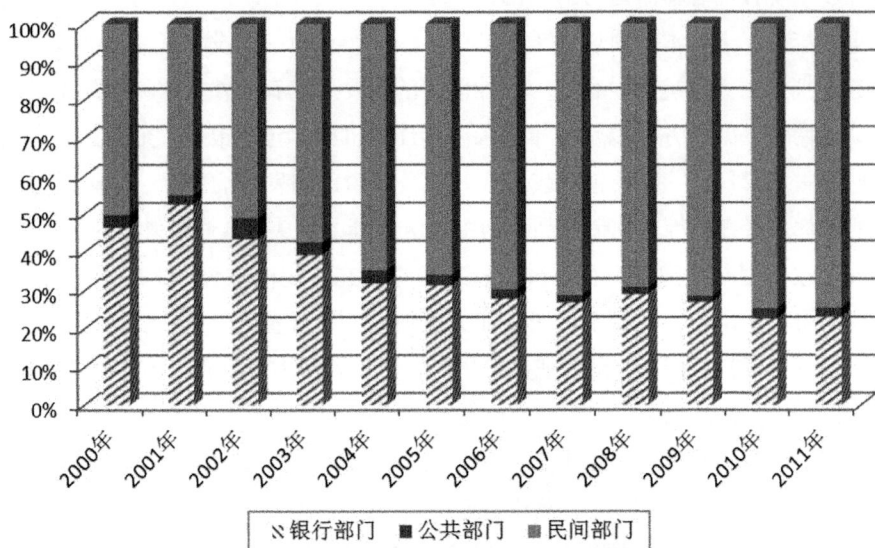

图 3.2 21 世纪以来台湾银行业合并对外债权——按部门别

注：目前关于银行对外债权的数据仅统计到 2011 年。下同。

数据来源：台湾"中央银行"，"台湾银行的合并'国际'债权"，本研究整理，2017 年 7 月。

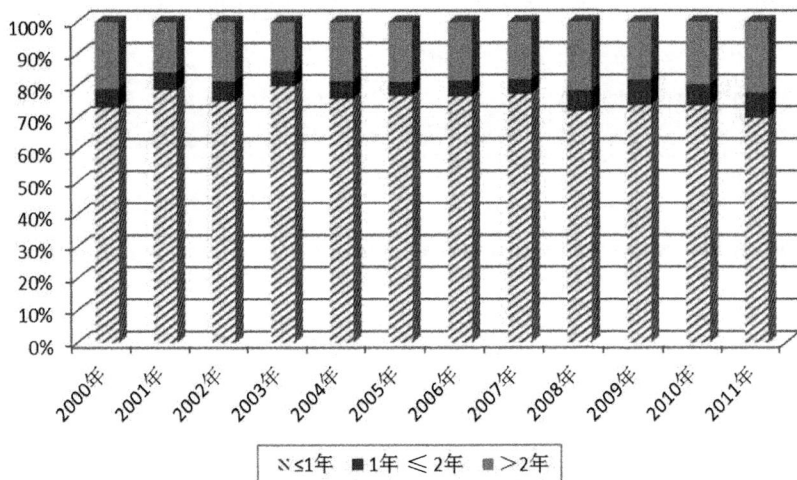

图 3.3 21 世纪以来台湾银行业合并对外债权——按期限别

76

数据来源：台湾"中央银行"，"台湾银行的合并'国际'债权"，本研究整理，2017 年 7 月。

与部门结构发生巨大变化有所不同，对外债权的期限结构十分稳定。对外债权以短期融资为绝对主导，并不随客户群体及其所在地域的变化而变化。具体情况如图 3.3 显示，21 世纪初的十年里，1 年以下（含 1 年）的债权比重维持在 70% 左右，2003 年该比重达到最高达 80%。相对于境内业务，对外债权中短期债权占比超出太多。这表明，不管是同业业务还是实体经济产业业务，台湾银行业在涉外资金的运作都体现初期限短、流动快的战略特点。譬如，国际金融市场运作强调快速周转，快速获利。辅助对外贸易也以短期放贷为主，侧重流动性和安全性。

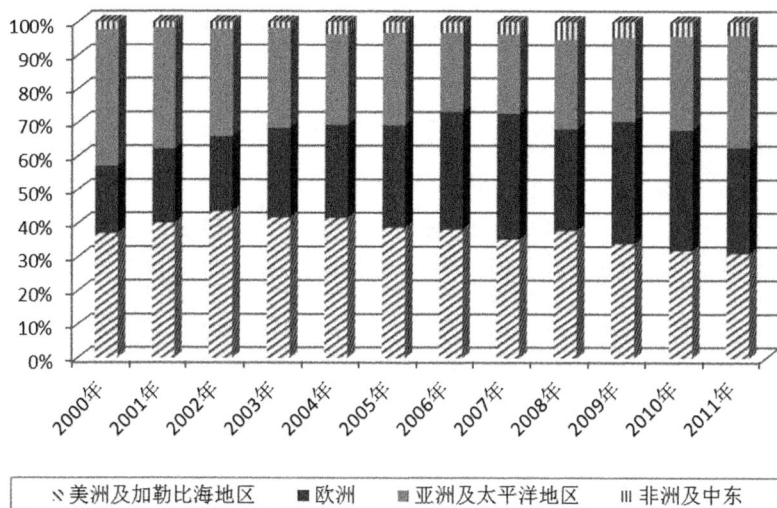

图 3.4　21 世纪以来台湾银行业合并对外债权——按地区别

数据来源：台湾"中央银行"，"台湾银行的合并'国际'债权"，本研究整理，2017 年 7 月。

图 3.4 展现了 21 世纪初的十年里对外债权的资金流向。台湾银行业对外债权主要集中在美洲、亚太和欧洲地区，非洲及中东地区占比极小。在此期间，银行业对欧洲地区的债权大幅攀升。尽管台湾在亚洲的投资和贸易都呈现直线式上升，但对外债权的相对增长速度却慢于欧洲地区，占比呈现出先抑后扬的U 形局面。截至 2011 年，对欧洲的对外债权大幅上升，已和亚洲、美洲及加勒

比地区呈三足鼎立的格局。本研究认为，造成这一实体经贸往来规模与银行债权不匹配的原因是复杂的，通过比较债权资金流向部门和区域可知，近几年来民间非银行部门决定了债权资金的区域流向。因此，在台湾地区对欧洲的贸易、投资往来比重均未增加的情形下，债权比例的增加反映了贸易条件的恶化，即对方利用金融杠杆推迟付款的比重增加；相反，亚洲地区债权份额的减少可以有以下三个方面的解释，亚洲区出口型台商贸易条件改善，应收账款回收较快；出口亚洲区岛内厂商资金回流加快，减少银行对该地区进口商应收账款的购买；亚洲区进口型台商及其贸易往来对象对台湾银行业的资金依赖程度趋弱，香港作为台商资金调度中心作用不断增强。亚洲区市场份额减少，资金向贸易条件恶化的欧洲地区移动。本研究认为，如若这种趋势再继续下去，台湾银行业向欧洲地区增设分支机构成为必然。就北美地区而言，仅有 15% 的直接进出口贸易额，可该地区（包括加勒比海地区）却占据了超过 30% 的台湾银行业对外债权。这一方面说明了台湾银行业北美地区的业务在稳定中逐渐深化，北美作为岛内外台商最终出口市场的地位并未动摇。另一方面，尽管随着两岸关系趋暖以及香港与其他免税天堂制度差异的缩小，台商部分对外投资注册地转向香港，加勒比海的"免税天堂"的吸引力依旧没有减弱，仍然有大批台商选择在那里进行贸易往来，也将投资所得以离岸账户的形式进行资金调度。

通过就对外债权的结构进行分析可以间接了解到以下三方面情况。

首先，台湾银行业对外融资业务的资金规模与对外设立的盈利性机构的数量并不对等。尽管台湾银行业在欧洲所设立的盈利性机构的网点数量不多，但是并不妨碍该地区对外债权规模大幅扩张。譬如，运作国际金融市场业务并不需要太多网点，往往通过一个网点进行资金清算、信息连接服务即可。欧洲的对外分支机构数量虽少，但是承做的业务规模却相对更大。

其次，单纯就对外分支行、OBU 等对外机构而言，短期融资是对外业务的主流。之所以呈现这种结构，这与对外机构所面对的客户群体及其融资项目以及所投资债券标的属性有关。

再者，由于对外债权中没有包括子行的数据，以富邦华一银行为例，作为富邦金控在大陆的全资子行，2016 年底的贷款总额中一年以内的短期贷款占比也达到 76.6%。2017 年，相应的数值也有 72.5%。管中窥豹，可见一斑，对外分支行与对外子行在资金的期限结构上很相似。由此可见，尽管子行和对外分支行分属不同的商业存在形式，但是背后却有着相似的客户群体和投资种类。

第四章　台湾银行业对外机构的微观经营

投资规模、商业存在形式和资金流向是台湾银行业对外投资在宏观层面最突出的体现。为了更为全面的研究，也作为对上一章的有力补充，本章从中微观层面，利用较为详尽的数据，阐述这些机构在岛外的经营状况，探讨和总结在具体经营过程中很有可能发生的问题。如上所述，分行一直以来都是台湾银行业对外投资最为重要、历史最早的商业存在形式。由于年代久远，资料零散，对于 20 世纪中后期台湾银行业对外机构的经营状况无法全面和持续的掌握，仅能通过个别案例的论述尽可能达到"管中窥豹、可见一斑"的效果。21 世纪开始，台湾"中央银行"对于台湾银行业 OBU 及对外分支机构的相关信息开始汇总统计，数据详细。因此，近十余年来对外机构的微观经营状况是本章的分析、比较研究的重点。与上一章相似，本章从前后两个阶段分析对外机构的微观经营状况。另外，在可获取的有限的资料内，本章对现阶段的子行经营状况做出一定的分析。

4.1 20 世纪中后期台湾银行业对外机构的经营状况：个案例举

全面的经营状况应该包括业务拓展、人员配置、社会关系和盈利能力等四个方面。台湾银行业对外投资的初期，经营状况如下：

首先，在业务拓展方面，对外投资早期网点还尚未被客户所熟悉，且人员配置也相对较少，再加上受到有关东道国法令限制，客户群体受限制。由此，揽储十分不易。与此同时，开业初期的资本金和营运规模有限，只能服务于所在地区内小范围的群体。这些对外机构在经营方式上多半以批发性业务为主，而主要业务项目仍多局限于一般传统银行业务，主要包括存放款、汇兑业务，进出口外汇及保证业务，货币市场交易，资本市场交易，外汇交易，国际联贷以及贸易投资咨询服务等。为了增加获利,各银行均以传统方式争取客户,并无特别的市场区隔策略。其次,在人员配置方面。对外机构人员的配置多半是由岛内总行依员工志愿,从现有员工中遴选合适的经理人和若干一级主管,其余人员则在网点所在地招募华侨或当地居民。有部分民营银行的对外机构雇佣当地侨胞或居民担任主管,以弥补银行对当地环境较不熟悉的缺点。在社会关系方面。各大银行通常频繁的派各级主管人员拜访岛外通汇银行、当地主要银行和政府,以拓展各种业务,同时积极与当地台商及华侨往来。

事实上,不论是业务拓展、人事关系还是社会网络,上述经营的具体做法也都是国际通用做法。然而,相比较而言,台湾银行的对外机构所能提供的服务及其经营策略不论在深度还是广度方面仍与欧、美、日等国的大银行有所差距。以下内容以个案例举的方式来描绘、展现 20 世纪 90 年代台湾银行业在外经营的图景。

表 4.1　截至 1991 年 6 月底台湾银行业在美国的分行及代办行业务状况

单位:百万美元

银行名称	分支机构数目	工商业放款	存款	资产
台湾交通银行	1	137.2	150.3	172.1
台湾银行	1	83.2	305	327.2
彰化银行	2	108.8	317.1	411.1
农民银行	1	0	21.2	21.7
第一银行	3	158.8	336.4	875.7
华南商银	2	92.8	181.4	282.1
台湾中国商银	4	200.6	1656.4	2525.4
台北市银	1	29	0	70.1
总计	15	810.4	2967.8	4685.4

资料来源:林鸿儒:《赴美国研究海外设立营业网点之可行性报告》,1992 年 12 月。

美国是台湾银行业者对外投资的首选。经历过初创期后,台湾银行业者在美分支机构的经营已经步入正轨。如表 4.1 所示,当时的 8 家银行在美国的资产规模有很大差异。台湾中国国际商业银行在美国的资产规模和网点数量最多,资产总额已达 25 亿美元,占台湾银行业在美国的分支机构资产总额之和的比重超过

50%。紧随其后的第一银行和彰化银行，资产总额分别为 8.75 亿美元、4.11 亿美元，与前者依然有很大的差距。台北市银的资产规模最小，只有 0.7 亿美元。

　　尽管规模的差异很大，但是这些在美机构的经营状况却有两点相似之处。其一，经过数年的耕耘，存款、揽储已并不构成重要难题。除了台北市银暂无存款之外，当时其余 7 家银行的分行存款都能满足当地工商业放款需求。其中，台湾中国国际商业银行在美分支机构的经营时间最长，市场拓展最为成功，其存款额达 16.56 亿元，超过同期工商业放款额的 8 倍。其他几家银行业也都在 2 倍以上。其二，工商业放款并非当时的银行业者的核心业务。如表所示，除了台湾交通银行在美分支机构的资产绝大部分体现为工商业放款之外，其他几家银行分支机构的资产均远远高于工商业放款。其中，台湾中国国际商业银行的资产已是放款额的 12 倍。这说明这些在美分支机构的经营重点并不是工商业贷款，而是着重于金融市场业务，运用外汇资金。尽管如此，个体的差异还是很大。1997 年，台湾土地银行在美分行在洛杉矶成立，是土地银行第一家对外机构。一方面，相对于其他银行，土地银行对外投资步伐较慢。另一方面，洛杉矶分行以放款为核心业务。客户群体以加州地区华侨、侨资企业、台湾企业在美国的关系企业、小公司及台湾客户为主；另外也参与其他金融同业的联贷。该行成立之初，存款业务受到诸多限制，资金来源主要为同业拆借，而资产运用上则以批发业务为主。在分行员工上多为聘用当地人员。

表 4.2　20 世纪 80 年代中期第一银行开岛分行经营情况

单位：万美元；%

	存款					贷款				
	第一银行占比		第一银行	外资银行	银行全体	第一银行占比		第一银行	外资银行	银行全体
	外资银行	银行全体				外资银行	银行全体			
1984年底	16.4%	1.47%	714.9	4370.9	48742.6	24.5%	2.35%	861.3	3519.7	36610.5
1985年底	14.7%	1.38%	8814.5	5539.3	59095	28.1%	2.93%	1196.4	4254.3	40819.8
1986年底	26.4%	2.37%	1497.9	5679.8	63116.5	25.2%	2.95%	1202.1	4777.8	40739.8

数据来源：卢国荣：《辅导海外分行拓展境外金融授信与现金管理业务、拜访存通汇银行报告书》，第一银行总行"国外"营业部，1986 年 11 月。

区域差异的确对银行业务有较大的影响。1977 年，第一银行在开曼群岛和新加坡的分行成立。从 1986 年的调查情况看，新加坡分行营运资金除来自当地及境外各种存款外，主要来自积极参与亚洲美元及同业拆借市场操作所吸收的各种长、短期资金。而资金的运用则以台湾在当地投资经营的企业及与台湾有贸易往来的当地厂商为主要对象。对外分行的经营业务分为一般银行业务和境外银行业务。截至 1985 年，新加坡分行的境外银行业务规模达境内业务的 15 倍之多，可见其承担了辐射整个东南亚地区的功能。由于开曼群岛非国际金融中心，截至 1985 年，其境外银行业务规模略小于一般银行部业务。两分行比较，新加坡一般银行部业务规模约为开岛的 2.5 倍，境外业务则高达 50 倍。表 4.2 为第一银行开岛分行在当地的经营情况，统计期间，该岛共有 4 家外国银行分行。从核心业务的情况看，4 家外国银行分行的业务量大约占开曼群岛银行业总业务量的 10%。在 4 家外国银行分行中，第一银行开曼分行的业务达到了平均水平。尽管受到当地法令的影响，外国银行分行的存款业务有诸多限制，但第一银行开岛分行的存款业务提升的仍然较快。有别于存款的限制，开曼群岛对外国银行分行的放款限制较少，因此该分行的贷款业务较为稳定。

对外机构经营绩效的好坏也和地域有关。据悉，20 世纪 90 年代中期以前，台湾银行业对外分支机构除了在欧洲的分行仍处于赔钱阶段，其余各地分行都已有盈余产生。如今，对外机构的盈利依然存在分化。如上所述，近年来，台湾银行业开始整顿对外机构，裁撤营运绩效不佳的分支机构。

4.2 近十年来台湾银行业对外机构的经营状况

时序步入 21 世纪，各国和地区金融环境呈现崭新的局面，此一时期的对外投资地域范围、市场群体大幅扩大，投资策略更为市场化，受到主客观约束较少。与 3.1 节相同，本节所用数据来自台湾"中央银行"，有以下几点需要说明。首先，选取的数据以台湾本地银行为样本，因此剔除了几家外资法人银行。其次，数据中既包括已经对外设有网点的 22 家大中型银行，还包括其他只有 OBU 的小型银行。之所以没有把后者剔除，一方面是因为后者体量较小，并不影响整体的分析，另一方面是因为这些银行未来极有可能对外设点，他们的 OBU 业务具有一定代表性。再者，最为重要的是，由于受台湾"中央银行"统计口径的影响，本节的对外机构不仅包括对外分支行，也包括 OBU。对外业务不仅包括对外分支行业务，也包括 OBU 业务。最后，时间点以 2002 年、2007 年为起点。资产、负债、所有者权益采用 2002 年为起点。在此之下的具体的具体业务采用 2007 年为起点。2007 年后，统计口径实现一致。另外，由于子行的数据没有归总统计，因此将在后面章节以个案形式进行分析。总之，本节通过分析对外机构的资产负债结构和损益结构，研究近年来及当下台湾银行业对外业务的经营状况及其所面临的问题。通过梳理和归纳，对外机构的经营状况主要有以下几个特点：

一、对外机构的各类业务规模和盈利能力不断提升

岛内需求饱和，对外拓展成为台湾银行业者的重要选择。绝大多数银行年报显示，他们正在加大对外拓展的力度，增加对外授信的规模。近年来的数据证实了这一说法：对外机构的总体业务规模和抗风险能力迅速提升。图 4.1 所示，15 年来，包含 OBU 和海外分支行在内的对外机构的业务规模持续上升。以资产为例，2002 年底对外机构的总资产额约为 1.9 万亿新台币（下同），2017 年底攀升至 7.9 万亿，翻了 4 倍。其中，2012—2013 年是一个节点，这一年业务规模大幅上升。值得一提的是，2008 年爆发的金融危机对这些对外机构的业务经营只是造成了短暂的影响，两年后资产、负债便重新恢复增长态势。尽管从全行的角度看，如 3.1 节所述，对外机构的所有者权益相对逊色，但从自身的角度比较，对外机构的所有者权益比资产负债增长更快，从期初的 380 亿攀升至 3735 亿，翻了近 10 倍。危机后，对外机构的净资产的增长速度非常快。相对增长更快的所有者权益意味着对外机构抗风险能力有所增强。[①]

①　一般而言，东道国或地区对于外国银行分行的资本充足率是有要求的，但是有重点的监管。以大陆为例，《外资银行管理条例》规定"外国银行分行营运资金加准备金等项之和中的人民币份额与其人民币风险资产的比例不得低于 8%"，而对于外汇业务并没有这方面的要求。

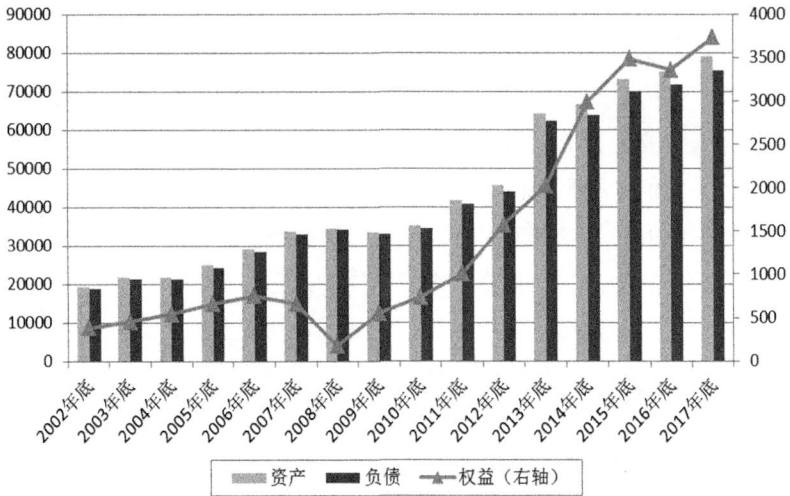

图 4.1 台湾银行业对外机构的资产负债

数据来源：台湾"中央银行"，"台湾银行营运绩效季报"，单位亿元新台币，本研究整理，2018 年 7 月。

图 4.2、4.3 显示了主要的资产、负债项目占全行的比重，通过与对外机构资产、负债占全行比重的发展曲线进行对比，能够看出对外机构内部的业务结构存在一定的差异。尽管这些项目的规模水平和增长幅度并不相同，但总体上都体现了持续和震荡的上升，都体现出对外机构的重要性越来越大。正如 3.1 节所述，对外机构税前纯益占全行的比重远高于其资产占比。2006—2007 年中，岛内机构呈现亏损，而岛外机构还能正常获利。金融危机后，对外机构的税前纯益占比持续上升。2017 年，来自对外机构的盈利占全行比重接近 38%。倘若加上对外子行的盈利，对外投资的重要性不言而喻。台湾银行对外投资早已不是追随客户被迫而为，它已成为业者创利的重要来源。正如银行年报所述，"海外单位盈余贡献已逐渐成为本行获利之重要来源，扩充海外营业据点将可提高获利动能。"（合作金库年报，2016）就利润的构成而言，对外机构的净收益和岛内相比只是略微偏高。2017 年，对外机构净收益占全行比重为 20.5%，与同年底对外总资产占全行比重为 17.6% 的差距并不大。导致对外机构税前纯益较高的原因是对外机构拥有较低的营业费用。图 4.4 所示，十年来，对外机构营业费用占全行比重一直稳定在 5% 左右，2017 年该比重为 5.8%，比总资产的相

应比重低了 12 个百分点。这种现象可以从三个层面来解读：一方面，尽管根据
"'国际'金融业务条例"，DBU 代为处理 OBU 的各项业务应收取合理对价以支
应其营业费用，但是营业费用在客观上仍然存在总部和对外分支机构的差异。
例如，金融科技的研发费用、岛内客户的维护费用、人才的培训费用、赴岛外
任职的管理人员的部分薪酬等大多由母行承担，对外机构需要承担的费用在金
额和种类上都相对较少。另一方面，可能存在对外机构的经营效率更高的事实，
一定单位的资产负债业务，对外机构消耗的营业费用比岛内机构小。再者，这
一现象也表明岛内母行对于其对外机构的投入相对不足，或者对外机构经营的
主动性较差。尽管近年来的投入有所上涨，但依然不足。在岛外业务日益重要
的趋势下，提高对外机构的投入存在很大的改善空间。

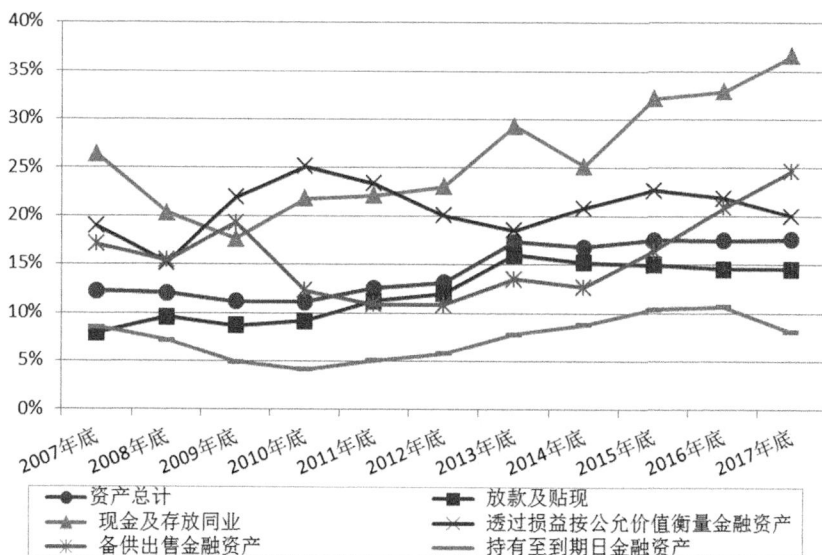

图 4.2　台湾银行业对外机构的主要资产项目占全行比重

注：2006 年起，资产负债表的统计口径发生变化，原"证券投资"科目被拆分。
本图的证券投资特指主公允价值变动列入损益的金融资产、备供出售金融资产及持有至
到期金融资产等三项资产业务的总和。下同。数据来源：台湾"中央银行"，"台湾银行
营运绩效季报"，本研究整理，2018 年 7 月。

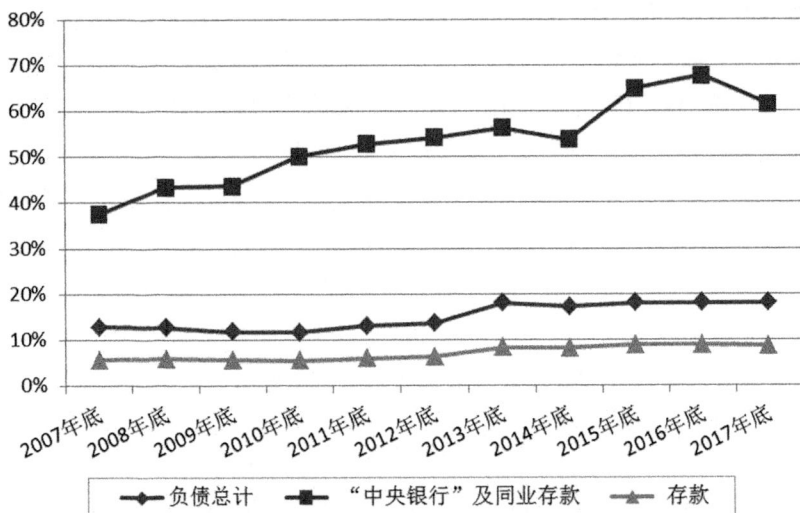

图 4.3　台湾银行业对外机构的主要负债项目占全行比重

注：由于可能包含的台湾、香港和澳门的货币主管机关，因此变量使用双引号，下同。数据来源：台湾"中央银行"，"台湾银行营运绩效季报"，本研究整理，2018 年 7 月。

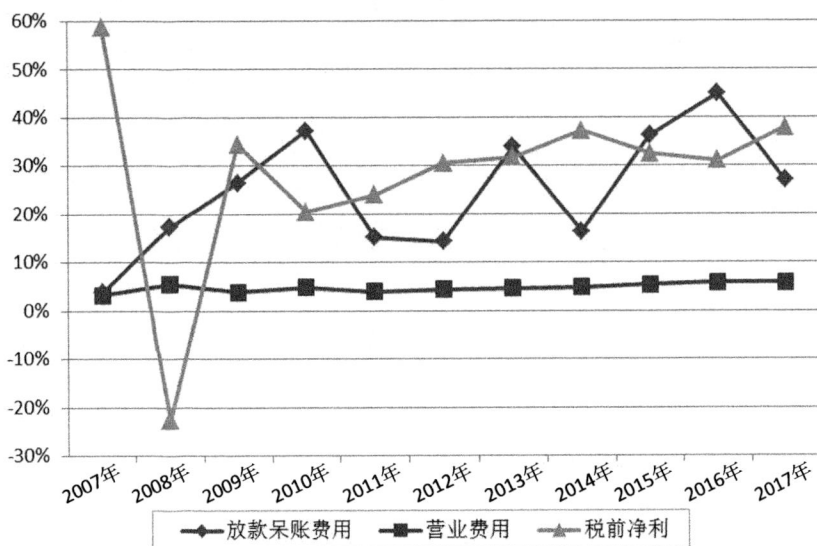

图 4.4　台湾银行业对外机构的绩效占全行比重

数据来源：台湾"中央银行"，"台湾银行营运绩效季报"，单位亿美元，本研究整理，2018 年 7 月。

二、对外机构拓展市场日趋艰难，优质信贷业务相对不足

银行资产负债结构的变化在理论上有两方面原因。一方面，经济、金融形势变动引发银行资产负债结构被动调整；另一方面，对外机构或者母行主动改变经营策略引发资产负债结构的主动调整。现实中，这两种因素很难完全分开，更多的时候是主、客观因素交织在一起共同发挥作用。

争取客户，承做优质贷款一直是对外机构工作重心，也受到外部环境的极大影响。同上所述，2013 年对于对外机构的资产结构而言同样也是转折点。2013 年之前，放款及贴现业务量增长迅速，多数年份都有 20%—30% 年增率，成为总资产规模快速上升的重要牵引力，其占比节节攀升。上述结构的变化说明宏观经济形势乐观，企业的融资需求旺盛，台湾银行业对外机构的业务拓展取得了巨大的成功，大部分资产都配置到贷款业务上，增长态势明显。2013 年之后，放款及贴现总量连续四年维持在 3.6 万亿新台币左右。如图 4.5 所示，放款及贴现占总资产的比重连续下滑，十年间呈现先扬后抑的局面。这说明台湾银行业对外机构近几年来面临比较严重的优质客户、优质资产拓展不足的问题。这种现象可以从两个方面解读和分析。一方面，全球经济形势低迷，局部地区政治、社会不稳定，社会冲突频繁出现。以中国为代表的亚太新兴经济体，自全球金融风暴以来支撑着一定的全球复苏。近年来，亚太新兴经济体占据全球经济增长份额的 40%，比其他新兴经济体增长份额总和的两倍还要多。目前，全球经济的前景不甚乐观，原因就在于中国经济减速、日本和其他发达经济体增长动力枯竭，（世界经济论坛，2016）"资产荒"不是属于台湾对外机构的特例，而是已经成为全球金融业所共同面对的问题。另一方面，2013 年以来，两岸金融交流不断深入，台湾银行业大陆分支机构迅速增加。然而，由于还处于机构设立的初期阶段，成本投入多，市场拓展的效果还未体现，进而放款及贴现业务无法呈现明显的增长。另外，根据 OBU 在 2017 年 6 月底的数据，对非金融机构之放款占总资产的比重约为 40%。由此可见，在核心业务上，对外分支行相对于 OBU 要更出色一些，OBU 的困难更大。

不仅是优质资产难寻，现有的资产风险也越来越大，对外机构的放款呆账费用非常不稳定。近几年台湾岛内银行的呆账费用在一段时间内直线下降后便维持在相对较低的水平，但对外机构的呆账费用却呈现巨幅动荡。图 4.4 显示，

岛外机构的呆账费用占全行比重呈现震荡式上升，明显高于放款业务的比重。这说明对外机构面临的信贷风险敞口相对较大，信贷资产风险偏高。由此可见，尽管岛外不同于岛内，对外机构所面临的信息不对称问题更严重，随着对外投资越来越重要，对外机构对于外部风险的控制能力很有必要进行提升。

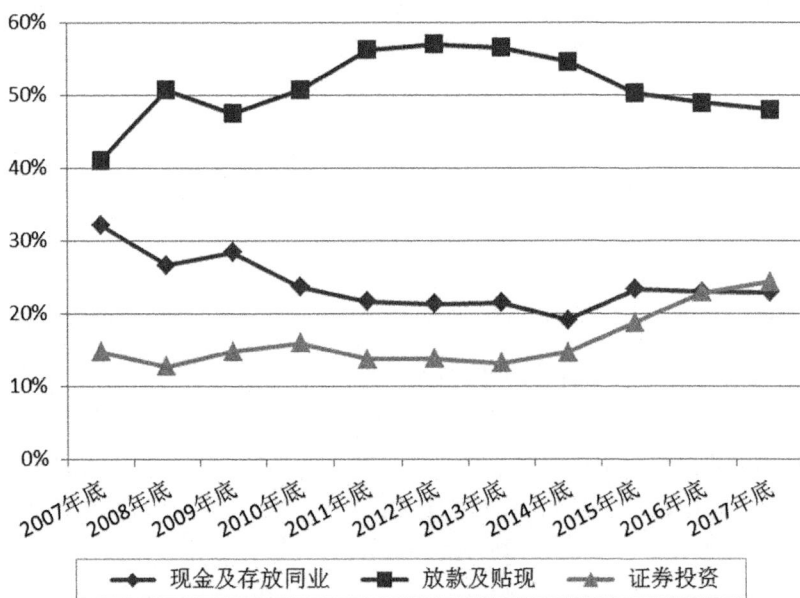

图 4.5　台湾银行业对外机构主要资产项目占总资产比重

数据来源：台湾"中央银行"，"台湾银行营运绩效季报"，本研究整理，2018 年 7 月。

三、对外机构的金融市场交易频繁，呈现高风险、高收益的特征

证券投资在银行的资产分配中是仅次于信贷的投资科目。通常证券投资的种类以政府债券、金融债券、央行定期存单、商业银行定期存单为主，配合以少量的衍生性金融品和股票。在众多国家和地区，银行业投资股票并在二级市场上交易要受到严格的限制。根据财务报告准则，证券投资按持有意图主要有三类：持有至到期（HTM）、可供出售（AFS）、公允价值变化计入当期损益（FVTPL）。HTM 一般不能在到期日前出售，该类证券的主要目的在于获取证券的利息或者股息收入；对于 AFS，银行可以根据市场条件进行积极配置，但是买卖不能过于频繁。FVTPL 则可以进行频繁交易，以获取资本利得为首要目标。

（胡斌，2007）换言之，证券投资的收益包括交易变现收益、价值变动收益和利息收益等三类。证券投资的多寡和种类体现了银行的经营策略以及当时面临的外部环境。

十年来，台湾银行业对外机构的证券投资业务呈现规模和比重的双重上升。图 4.2 所示，10 年间该业务量翻了 4 倍，其占总资产的比重增加了近 10 个百分点。证券投资已经成为对外机构拉升总资产的主要牵引力。2017 年底，对外机构证券投资占总资产处的比重已经接近 1/4。这既是优质信贷业务不足的情况下对外机构为获取资产收益的次优选择，也是岛内母行调整资产结构的战略选择。根据 OBU 在 2017 年 6 月底的数据，证券投资占总资产的比重为 24.5%，与对外分支行的结构相似。证券投资的内部构成体现了对外机构的投资策略。如图 4.6 所示，对外机构的证券投资中，可供出售金融资产占比较高，其次是公允价值变化计入当期损益的金融资产占比，持有至到期日的金融资产占比最小。尽管公允价值变化计入当期损益的金融资产在证券投资中的占比不大，但是相较于全行而言，这部分资产占全行的份额较大，而持有至到期的金融资产份额较小。由此可见，对外机构的证券投资倾向以交易获取资本利得为主，同时频繁的证券交易反映了对外机构以积极主动的方式维持资产流动性。之所以出现这种情况，也和一部分对外机构的功能有关。设置在伦敦、纽约、新加坡等国际金融中心的对外机构大多代表母行在国际金融市场投资运作，而频繁的交易是这些机构业务运作的特征。从目前的情况来看，这些对外机构在国际金融市场上的表现相对出色。近年来，公允价值变化计入当期损益的金融资产和负债的净收益呈现大幅上升。在对外机构的非利息净收益中，这部分金融资产的收入占比较高，已和手续费收入大抵相当。在全行的份额中，对外机构的公允价值变化计入当期损益的金融资产净收益占全行该类净收益的比重超过了 1/3，而这部分金融资产占全行该类金融资产的比重却不超过 25%。

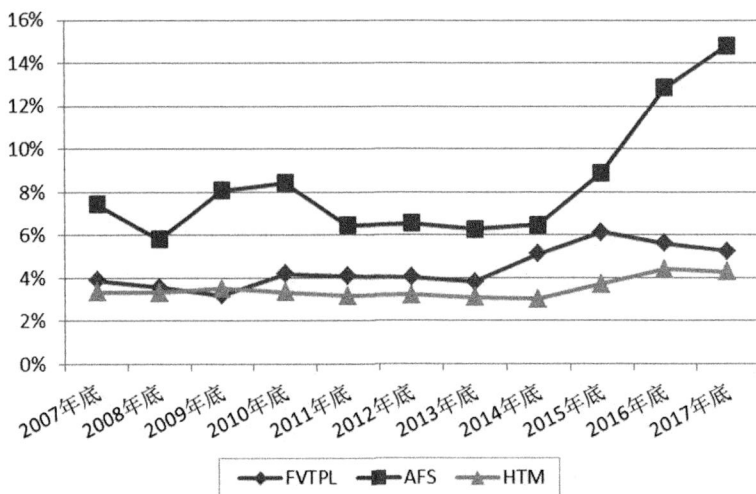

图 4.6　台湾银行业对外机构主要证券投资项目占总资产比重

数据来源：台湾"中央银行"，"台湾银行营运绩效季报"，本研究整理，2018 年 7 月。

需要指出的是，尽管存在相对较高的收益，对外机构在国际金融市场上的风险也较高。在这十年间有 3 年呈现亏损。2008 年，这部分资产负债出现巨幅亏损，亏损额超过 150 亿新台币，并最终导致当年对外机构的税前净利出现亏损。正因如此，与岛内机构相比，对外机构的非利息净收益极其不稳定。在对外机构的非利息净收益中，具有内在稳定属性的手续费收入相对不足。实际上，拓展手续费等中间收入是当下银行业着重培育的重点。对于对外机构而言，如何扩展手续费收入还需要在当地业务上多下功夫。

四、对外机构对同业业务依赖较大，业务具有内在不稳定性

狭义上的存放同业是指存放于非货币主管机关的境内、境外银行和非银行金融机构的款项。本质上与同业拆借很像，也是一种信用借款。只不过该科目下款项需要在对手方开立账户，资金存放在资金融入方的该账户中，资金的所有权并未发生转移，信用风险相对更低。该科目下业务更倾向于盈利目的，期限相对更长，没有最高限额的限制。在台湾银行业对外机构中，现金及存放同业是仅次于证券投资的增长较快的资产项目。2013 年之前，由于放款及贴现业务上升很快，同业资产的吸引力被减弱。近年来，这一科目扭转了往日规模和

结构双重下降的局势，业务规模大幅攀升，相应的比重也不再下降。对比全行，更加彰显其现实意义。图 4.2 显示，对外机构现金及存放同业占全行该科目的比重超过 1/3，远高于相应的资产比重，成为占全行对应份额最高的科目。由此可见，对外机构对于同业资产具有极度的依赖。同业资产的增加与证券投资一样，既是银行为平衡流动性、安全性和盈利性的主动选择，也是核心资产不足下的次优选择。

不仅如此，为了应对一般性存款与放款及贴现业务的缺口，对外机构在资金来源上比较仰赖同业资金。十年间，中央银行及同业存款总量稳定增加，期末比期初增加了 70%。2013 年之前，央行及同业存款占总负债的比重高达 25%以上，尽管 2013 年后该比重有所下降，这是由于对外机构资金来源多元化，即融券融资和发行金融债券融资份额激增导致的份额抵消。在和全行比较时，这种依赖性更加凸显。图 4.3 显示，对外机构的"中央银行"及同业存款占全行的相应份额从期初的 40% 持续攀升，2016 年该份额接近 70%。值得一提的是，根据 OBU 在 2017 年 6 月底的数据，在存款上，非金融机构存款低于来自金融机构的负债，二者分别为 739 亿美元、1100 亿美元。在 1100 亿美元的同业资金中，有 879 亿来自岛内金融机构。这说明在 OBU 的发展中岛内的母行给予了极大的资金支持。如果缺乏母行的支持，OBU 的业务无法做大。在这一点上，OBU 与对外分支行的差异十分大。对外分支行的资金稳定性相对高于 OBU。

除去清算、轧差所需的同业存款之外，其他用途的同业存款具有内在的不稳定性，尽管部分是母行与对外机构的资金往来，但是受经济形势、货币政策的影响极大。在央行紧缩银根的情况下，同业存款将出现急剧的收缩。不稳定的资金来源反过来又对资产的运用产生负面影响。相反，一般性存款的稳定性就高很多。在局势不稳定的时候，一般性存款还会出现不降反增的情况。因此，一般性存款可以称为是银行业务经营的"压舱石"。因此，对外机构应该适当走出同业存款所营造舒适区，在积极寻找融资客户的同时，加大力度拓展存款客户市场。

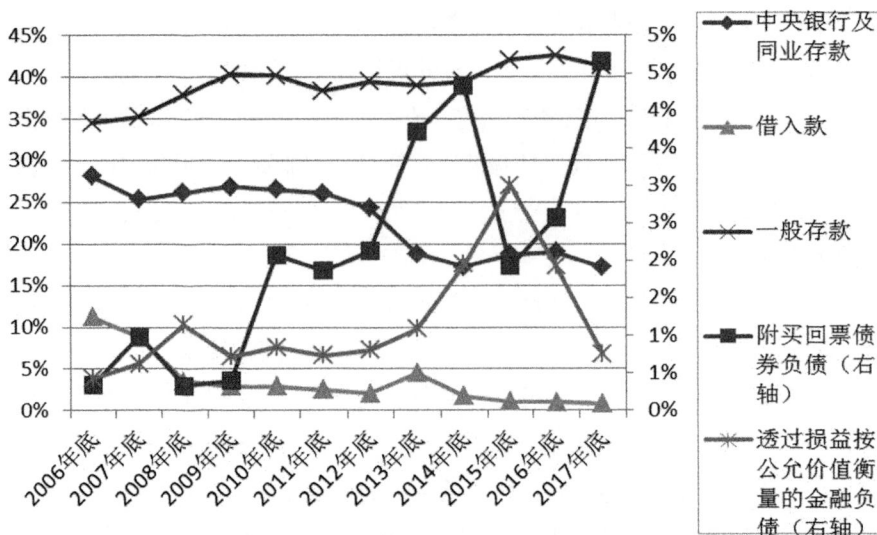

图 4.7：台湾银行业对外机构的主要负债项目占总负债比重

数据来源：台湾"中央银行"，"台湾银行营运绩效季报"，本研究整理，2018 年 7 月。

4.3 代表性银行对外机构的经营状况比较

以上分析和归纳了台湾银行业对外机构的整体经营状况和特点，然而在整体之下各个银行之间又有着较大的差异。本小节选取台湾银行、台湾中国信托商业银行、兆丰国际商银、国泰世华商银、台北富邦商银、华南商银、第一银行和彰化银行等 8 家银行，以 2017 年底为时间点，比较分析对外机构资产负债结构的差异。

这 8 家银行对外业务规模较大，是台湾银行业对外投资的中流砥柱。其中，中国信托商业银行的岛外分支机构最多，是台湾区域化、"国际化"程度最高的银行；兆丰国际商银，前身之一是台湾中国国际商业银行，它是台湾区域化、"国际化"历史最悠久的银行，也是对外机构（不含子行）资产最多的银行。台湾银行是台湾资产规模最大，"财政部"100% 持股的银行；台北富邦银行是目前唯一在海峡两岸暨香港都拥有法人机构的银行；国泰世华商银是唯一在越南设立子行的银行；华南商银和第一银行，海外分支机构众多，在大陆设立了若干家租赁公司。彰化银行，是历史悠久的"百年老店"，其大陆子行不久前刚获得银监会的批准。

通过比较分析代表性银行对外机构之间的差异，可以引申出以下几点思考：

一、代表性银行对外机构的资产负债结构、资产多元化程度、资金多元化程度差异很大。图 4.8 所示，彰化银行和兆丰国际商银的现金及同业存款占比接近或已超过 40%，而国泰世华商银的该比重却不到 6%。第一银行、彰化银行和台湾中国信托商业银行的放款贴现占比均超过 50%，而台北富邦商银只有 33%。不仅如此，彰化银行和兆丰国际商银两项业务的总占比均超过 80%，而国泰世华银行的两项占比之和仅达到 45%，后者资产多元化程度更高。就证券投资而言，8 家银行的差异也非常大。例如，台北富邦商银、第一银行、华南商银的证券投资比重相似，但内部结构差异很大。这说明对外机构的证券投资策略存在巨大的差异。不仅如此，这 8 家代表性银行对外机构的资金来源结构也有很大差异。例如，彰化银行和台北富邦商银在同业存款的结构上具有天壤之别。

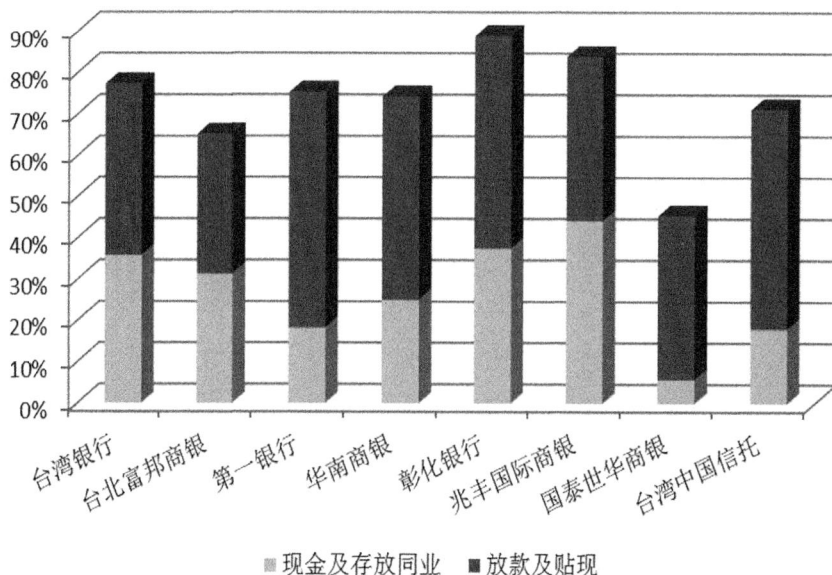

图 4.8 2017 年底代表性银行对外机构的主要资产结构

注：现金及存放同业、放款与贴现总额与总资产的比重。

数据来源：台湾"中央银行"，"台湾银行营运绩效季报"，本研究整理，2018 年 7 月。

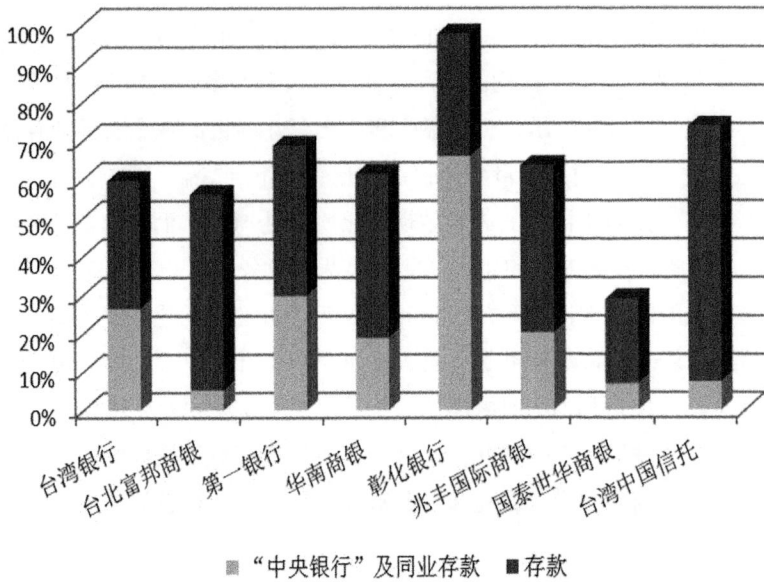

图 4.9　2017 年底代表性银行对外机构的主要负债结构

注："央行"及同业存款、存款与总负债的比重。

数据来源：台湾"中央银行"，"台湾银行营运绩效季报"，本研究整理，2018 年
7 月。

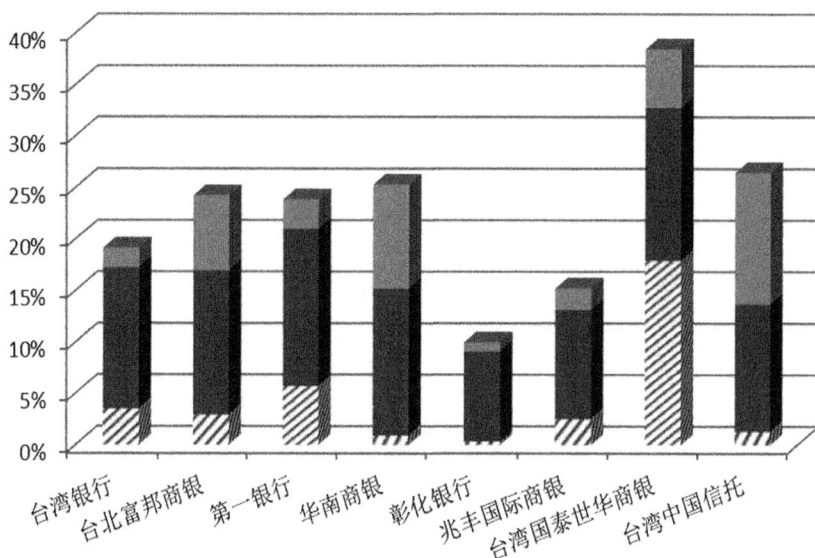

◊ 透过损益按公允价值衡量的金融资产 ■ 备供出售金融资产 ▨ 持有至到期日金融资产

图 4.10　2017 年底代表性银行对外机构证券投资占总资产比重

数据来源：台湾"中央银行"，"台湾银行营运绩效季报"，本研究整理，2018 年7 月。

二、资产负债结构、资产多元化、资金多元化程度和对外机构的资产规模、网点数量都没有明显的关联。例如，兆丰国际商银和第一银行在岛外拥有相似的分支行数目，但是二者的资产、负债结构相去甚远。华南商银和台湾中国信托商业银行也拥有相似的分支行数目，但是二者资金来源结构完全不同。台湾银行、台北富邦商银和第一银行的对外资产规模相似，但资产结构也有很大差异。因此，以这八家代表性银行对外机构的情况来看，业务规模和业务结构之间并不存某种关联性。本研究认为，造成业务结构具有如此大差异的原因主要有主、客观两个方面：主观上，母行长久以来所积累的资源、优势项目以及业务运作的惯性都影响着其对外机构的资产负债结构和多元化水平。毫无疑问，对于每家银行而言核心竞争力都是不尽相同。客观上，每家银行的对外机构数量、区域分布、业务规模、营业年限，甚至是市场进入的时机和政商关系等都影响着后续的业务经营。区域分布不同，每家银行所面临的政策约束和市场条件也不相同。即便是同一家银行，设立不同区域的对外机构也会有着截然不同的资产组合。市场进入的时机不同，市场拓展的难度系数也不同。一般而言，后进入者面临着更大的挑战，市场拓展更加不易。

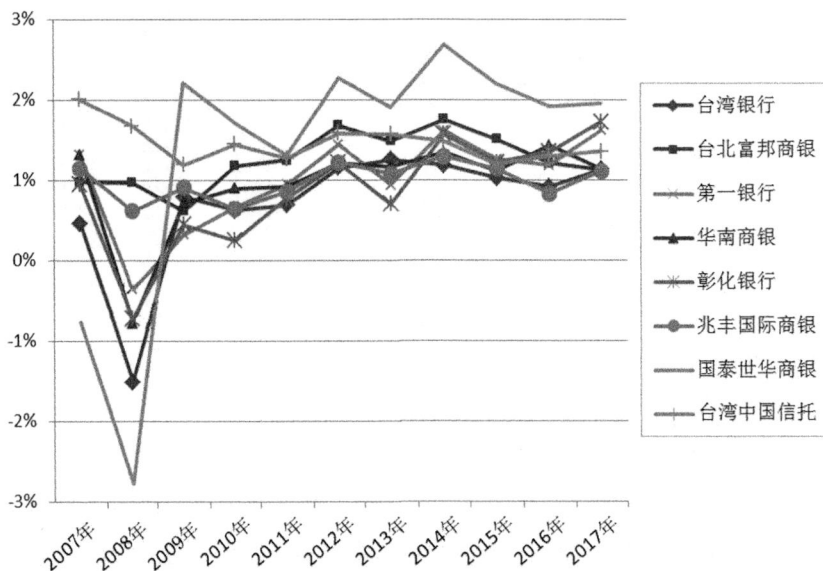

图 4.11　代表性银行对外机构的总资产利润率

注：总资产利润率（ROA）采用税前纯益／年末总资产。

数据来源：台湾"中央银行"，"台湾银行营运绩效季报"，本研究整理，2018 年 7 月。

三、代表性银行对外机构的经营策略不同，但盈利能力日渐趋同。尽管代表性对外机构的业务结构不尽相同，但是在盈利上却是趋同的。图 4.11 直观、动态地显示了这八家银行对外机构的总资产利润率的相对变化情况。期初，8家对外机构总资产利润率的差异非常大，最高值和最低值相差近 3 个百分点。金融危机发生的当年，总资产利润率的差异有所扩大，由此可见，8 家银行对外机构抗风险能力差异很大。随后几年，总资产利润率的差异逐步缩小。2017年，最高值和最低值的差距已经降到 1 个百分点。除国泰世华商业银行之外的其他 7 家银行对外机构，总资产利润率已经非常接近了。

就单个银行而言，有若干值得注意之处。国泰世华商业银行的核心业务最弱，存贷款的份额很少。因此，该行的资产利润率很高，但是波动很大。如图所示，国泰世华商业银行对外机构的总资产利润率在危机前相对最低，危机后却遥遥领先其他几家银行对外机构。相反，台湾中国信托商业银行的核心业务最强，存贷款份额相对更高，但回报率的稳定性最高。相较于其他银行对外机构，台湾中国信托商业银行的对外机构平稳的度过了危机期。"三商银"尽管有传统的称谓，拥有同样悠久的历史，但这三家银行的业务结构并不完全相同。华南商银和第一银行的资产、负债结构非常相似，而彰化银行却与二者不同。后者的业务非常的传统，资金投向和资金来源都较为单一，金融市场业务占比很少。就核心业务的匹配度而言，只有台湾中国信托商业银行和台北富邦商银两家的一般性存款金额能够满足贷款及贴现的需要。台湾银行，作为这其中唯一的 100% 公营机构，对外机构在业务经营上并不优于其他银行业者。尽管台湾银行业对外机构是差异性较大的群体，各银行的客户群体、经营水平和策略都不尽相同，但是经过多年的经营，各银行已经找到了合适自身的道路，发挥各自的专长和优势，努力实现利润最大化。

4.4 对外子行的经营状况

子行是台湾银行业对外投资的重要商业存在形式。由于它是注册在岛外的独立法人，因此台湾"中央银行"及"金管会"并未对其进行业务统计。目前，关于子行的数据均来自各银行年报。基于对为数不多的数据进行梳理，台湾银行业对外子行有以下几个特征：

一、对外子行区域分布广，彼此间差异大，盈利能力与区域及规模无线性关联。目前，在 22 家对外投资的台湾银行业者中有 10 家在岛外设立了子行，占比接近 50%。设立的 19 家子行分布在 12 个国家和地区。其中，北美区有 5 家，欧洲区 1 家，亚洲区 13 家。与分行相似，子行的区域偏好也十分明显。由于子行更加注重本地业务，通过机构分布可以看出北美和亚洲才是华裔、台商最主要的集聚区。就大陆而言，短短几年间便有 3 家台资法人银行成立。尽管投资决策存在偏好，但在盈利能力上并没有明显的区域差别。在总资产利润率高于 1% 的 6 家银行中，两家位于美国，3 家位于东南亚，1 家位于欧洲。

如表 4.4 所示，这些子行的资产规模差异比较大。19 家子行中，有 11 家子行的资产规模低于 10 亿美元。元大商银的菲律宾子行资产规模仅有 0.5 亿美元。资产规模大于 100 亿美元的子行有 3 家，即台湾中国信托商业银行的日本子行和富邦金控的大陆子行、香港子行。其中，台湾中国信托商业银行日本子行的资产规模最大，达 234.4 亿美元。最大值与最小值相差数百倍。有别于对外机构利润率趋同，子行不仅在业务规模上有巨大差异，盈利能力也存在很大的差别，在 19 家子行中，18 家子行的税后净利润低于 1 亿美元，3 家子行呈现亏损。尽管所有子行的平均利润率为 0.46%，但其中既有兆丰国际商银泰国子行实现的 1.41% 的盈利率，也有玉山银行柬埔寨子行实现的 -3.81% 的亏损率。与此同时，盈利能力也没有针对资产规模的偏好，即子行的资产规模和子行资产利润率之间没有直接的关联。资产规模较大的 3 家子行的资产利润率并不靠前。即使是相似规模的子行，盈利能力差异也很大。

二、对外子行在业务规模和盈利能力上均逊色于对外机构。对于大多数岛内母行而言，子行的资产总和都小于对外机构的总资产。20 家子行的资产总和为 602.2 亿美元，与此同时，OBU 与对外分行的总资产达 1674.6 亿美元。二者存在较大的差距，前者仅是后者的 36%。具体来看，在 10 家岛内母行中，只有台湾中国信托商业银行和富邦金控的子行资产总和超过了对外机构总资产，前者大约是后者的 1.2 倍。其他 8 家银行的子行资产总和远远小于对外机构的总资产。以兆丰国际商业银行为例，其对外机构数量最多，总资产是 2 家子行资产总和的 58 倍。不仅是规模小，对外子行的盈利能力也相对较差。在 10 家岛内母行中，只有兆丰国际商银的子行平均资产利润率略微高于对外机构，分别为 1.11% 和 1.0%，其余 18 家子行的盈利均逊色于对外机构，即便是子行资产规模更大的台湾中国信托商业银行和富邦金控也不例外。在利润总和上，子行和对外机构的差距体现得更加具体。2017 年，19 家子行的利润总和仅有 2.8 亿美元，而同期的 OBU 及对外分行的利润为 22.4 亿，后者是前者的 8 倍。同期相应的资产总和的差距只有 2.8 倍。换言之，不仅在资产、利润总额上，子行和对外机构存在差距，在盈利能力上，子行也远不及对外机构。值得一提的是，子行的盈利能力也并未逊色于母行全行。尽管子行的平均资产利润率为 0.46%，仅仅略低于母行全行 0.68% 的资产利润率（含对外机构），但在 10 家银行中，子行盈利能力相对更优的数量有 6 家。这一现象可以从三个方面解读：一方面，如 4.2 节所述，对外子行作为独立的法人机构，各类费用的支出更为独立，与 OBU 和对外分支行能够享受到母行的若干便利有所不同，进而影响了最终的利润。其二，对外机构在服务于岛内的进出口贸易和企业融资上拥有先天优势。更多的台湾银行业者更为重视对外机构的业务拓展能力。子行的业务空间被挤压。再者，受制于市场空间、东道国和地区金融制度的因素，台湾银行业者的

"在地化"进程并不是特别顺利，换言之"国际化"程度有待提升。目前，若干家台湾银行业者相继在大陆设立子行，或者将现有的大陆分支机构转型为独立法人。基于台资在大陆享有的文化优势和政策优势，尽管大陆子行目前存在亏损，但将有别于其他地区子行迎来更大的经营机遇。

三、对外子行以全资持股为主，母行的支持十分重要。台湾银行业对于设立子行有着明显的股权偏好。如表所示，大部分子行为母行全资持有，独立经营。在 6 家非全资持股的银行中，有 4 家位于东南亚。这与东南亚相对不稳定的政治、社会状况有很大关系。越南子行直接采取和当地银行合资的方式设立，以便于更好的拓展当地市场。而印尼、菲律宾和柬埔寨的子行则纳入了当地私人股东，并且该股东在子行中担任重要职务。通过析出少量股权的方式，子行在具有绝对的控制管理权的基础上提高了更多的营商便利，有助于改善子行在当地"水土不服"和信息不对称的问题。正因为是全资持有或控股持有，来自母行的资金支持对于子行至关重要。母行对子行的资金支持体现在两个方面：母行投资额，这包括设立之初的注册资本和后续的追加资金，是子行净资产的重要组成部分，占其比重高达 50%—100%。股权投资额的大小直接决定了子行的资本充足率。不仅如此，母行投资额占资产的比重也很高。在部分子行，如台湾中国信托商业银行的美国子行和印尼子行，母行投资额占总资产比重已经超过 20%。同业融资，这体现为母行对子行的现金、同业存款和同业拆借。这部分资金尽管没有股权投资额那么庞大，但作为关联交易，体现了母行对子行的后续支持，往往备受关注。这些支持通常随着子行经营时间的推移而逐步减少。以成立不久的台湾玉山银行（大陆）为例，2017 年底，由玉山银行母行提供的资金余额接近 18 亿，占当年年底总负债的比重达 30%。而从经营数年的丰国际商银和台湾中国信托商业银行的几家子行来看，2016 年底母行对子行的各类融资总额在 1.1—22 亿新台币之间，远远低于子行的资产总额。由此可见，尽管子行要想依靠母行的资金支持来维持经营是不现实的，这点是子行与对外机构最人的区别，但是在草创期却格外重要。对于母行而言，在境外设立子行有助于控制资金风险，有助于扩展当地业务，是"国际化"、区域化战略最核心的体现。

表 4.3 台湾银行业对外业务的规模对比

单位：亿美元

	资产总额[1]			税后净利		
	子行	对外机构	全行	子行	对外机构	全行
台湾中国信托	288.5	241.0	997.9	1.4	3.0	10.1
台北富邦[2]	235.9	203.9	803.1	1.1	2.2	5.6
国泰世华	21.6	172.0	900.4	0.3	3.4	6.5
玉山银行	17.6	137.1	682.0	-0.3	2.3	5.0
永丰银行	11.1	110.2	483.8	0.1	1.5	2.6
工业银行	8.4	23.1	99.0	0.1	0.2	0.4
兆丰国际	7.8	452.9	1058.6	0.1	4.5	7.5
第一银行	5.2	177.4	857.4	0.1	2.5	5.1
合作金库	3.6	119.2	1070.9	0.0	1.8	4.3
元大银行[3]	2.4	37.7	292.9	0.0	1.0	2.3
小计	602.2	1674.6	7246.2	2.8	22.4	49.3

注：[1] 资产总额采用 2017 年 12 月 31 日数据，税后利润采用 2017 年全年数据。鉴于子行之间的关联交易甚少，子行的资产总额和税后利润的数据来自各个子行的直接加总。[2] 为合理比较，此处的对外机构和全行特指台北富邦商业银行，子行特指富邦（香港）和华一，未包含厦门银行。[3] 元大银行的子行数据来自 2016 年报，2017 年报中关联企业信息未披露。汇率采用的是 2017 年 12 月 29 日的买卖汇率平均价。

资料来源：各银行 2017 年年报、台湾"中央银行"，"台湾银行营运绩效季报"，本研究整理，2018 年 7 月。

表 4.4 台湾银行业对外子行的基本情况

单位：亿美元、%

母行名称	子行地点	持股比例	资产总额[1]	税后净利	ROA
台湾中国信托商业银行	菲律宾	99.60%	8.1	0.06	0.71%
	印尼	99%	10.1	0.03	0.33%
	加拿大	100%	3.5	0.03	0.86%
	美国	100%	32.5	0.12	0.38%

母行名称	子行地点	持股比例	资产总额 [1]	税后净利	ROA
兆丰国际商银	日本	100%	234.4	1.18	0.50%
	加拿大	100%	1.6	-0.00	-0.04%
	泰国	100%	6.2	0.09	1.41%
合作金库商银 [2]	比利时	90.02%	3.6	0.04	1.13%
国泰世华商银 [3]	越南	50%	18.2	0.24	1.33%
	柬埔寨	100%	3.4	0.04	1.20%
富邦金控 [4]	大陆地区	100%	110.0	0.34	0.31%
	中国香港	100%	125.9	0.74	0.59%
玉山银行 [5]	柬埔寨	75%	5.6	-0.21	-3.81%
	大陆地区	100%	12.0	-0.12	-0.98%
永丰银行	大陆地区	100%	11.1	0.07	0.63%
台湾工业银行	美国	91.78%	8.4	0.08	0.92%
第一银行	美国	100%	5.2	0.06	1.09%
元大商业银行	菲律宾	100%	0.5	0.00	0.00%
	韩国	100%	1.9	-0.01	-0.53%

注：[1] 资产总额、负债总额采用 2017 年 12 月 31 日数据，税后净利采用 2017 年全年数据。[2] 合作金库、土地银行、台湾银行持股比利时子行的份额分别为 90.02%、4.99%、4.99%。[3] 越南子行为国泰世华商银与越南工商银行合资，各占 50% 的股份。[4] 富邦金控直接持股富邦（香港）、富邦华一、厦门银行的股份分别为 100%、49%、15.78%。目前，厦门市财政局是厦门银行的第一大股东，因此它不属于富邦金控的子行。[5] 柬埔寨子行的另外 25% 股份为当地股东私人所有。

资料来源：各银行 2017 年年报，本研究整理，2018 年 7 月。

第五章 台湾银行业对大陆投资的总体评估

如上所述，尽管存在各种各样的难题，但对外机构和对外子行已经成为台湾银行业重要的组成部分。祖国大陆是台湾银行业在当下最为关注的对外投资区域，也是本研究重要的研究内容。本章详细阐述了台湾银行业大陆投资的历程和现状，详细分析了祖国大陆的法律法规、两岸制度性协商成果以及台湾当局颁布的有关"法令规章"对台湾银行业大陆投资所已经造成的，或可能造成的影响。结合大陆当前经济金融环境所发生的新变化，探讨台湾银行业的机遇和对策。

5.1 台湾银行业对大陆投资的历程

纵观台湾银行业对大陆投资的历程，既是市场因素的驱动，又与两岸金融开放的政策走向休戚相关。在很大程度上，台湾银行业大陆投资历程体现为台湾对大陆金融政策开放的过程。表 5.1 展现了台湾对祖国大陆的银行业开放的全过程。表格将整个过程分成了三个阶段，每个阶段都有其特殊的历史背景，或者有别于其他阶段的特征。具体如下：

一、第一阶段：间接往来

20 世纪 90 年代，当局正视两岸经贸合作之需启动对大陆的银行业展开间接业务往来。业务范围包括汇款、进出口押汇和托收等。从 1993—1997 年的开放措施中不难看出，这一间接往来的模式包括两层含义：一层是交流主体的间接。岛内银行需透过其对外分支机构、OBU、DBU 与外资银行及其大陆分支机构、大陆地区银行海外分支机构接触，而不允许直接与大陆地区的本土银行接触。换言之，双方的往来都需要借助两岸两会才能进行；另一层是币种的间接。两岸资金往来必须是除了新台币和人民币之外的货币，实际操作中以美元和港币为主。

与此同时，大陆正是金融业对外开放的早期，引进外资金融机构的法律、法规还不齐全，对产业背景的境外财团入境设立金融机构没有特别的限制。在这样的环境下，台湾银行业者在大陆的投资已悄然展开，渠道和方式较为独特。1997 年，台湾建华商业银行通过购并的美国远东国民银行，以这家子行的名义在北京设立代表处。[①] 1995 年，台湾协和集团透过美国再投资大陆，成立宁波协和银行。1997 年，台湾宝成集团透过香港的莲花国际与上海浦东发展银行合作在上海成立华一银行。这两家银行的经营规模都比较小，以提供当地中小企业融资为主。值得一提的是，由于不属于金融业者，也未获当局许可，且属间接投资性质，故不被台湾视为台资银行。由此，华一银行和宁波协和银行被戏称为"偷渡的金融家"。

二、第二阶段：半直接往来

21 世纪初，两岸投资贸易规模持续扩大。大陆台商由于生产规模小、无合适的抵押资产，两岸信息交流不畅、不对称等问题，获得各项在地融资十分有限，急需台湾银行业者"登陆"以解燃眉之急。两岸银行业往来便从"间接模式"演变为"半直接模式"，即当局开放对外分支机构和 OBU 与大陆金融机构直接从事金融往来，即单方面取消了对大陆金融机构中间机构的要求。事实

表 5.1　台湾对大陆的银行业开放政策

阶段	时间	政策内容
第一阶段	1993	放开岛内银行对外分支机构与大陆银行海外分支结构、外商银行大陆分支机构开展业务往来。开放岛内银行办理大陆地区间接汇入款业务。
	1995	放开 OBU、DBU 与大陆银行海外分支机构开展间接的进出口押汇和托收业务
	1997	放开 OBU 办理两岸间接汇款业务
第二阶段	2001	放开岛内银行对外分行、OBU 与大陆从事金融业务往来放开岛内银行赴大陆设立代表处
	2002	放开 DBU 办理两岸汇款及进出口外汇业务放开 OBU 直接对大陆台商授信和应收等业务

---

① 2006 年 11 月，建华银行与台北国际商业银行以换股的方式完成合并，更名为永丰银行。如今，远东国民银行成为永丰金控成员。

阶段	时间	政策内容
第三阶段	2008	放开岛内银行对外子行投资大陆银行，股份占比≤20% 放宽对外分行和 OBU 的两岸业务范围 放开人民币现钞进入台湾
	2009	放开大陆银联卡在台刷卡消费 放开台银香港分行开办人民币业务两岸签订金融合作协议、MOU
	2010	放开两岸银行互设分支机构及参股 两岸签订 ECFA
	2011	放宽银行业投资大陆的家数和范围的限制 放开 OBU 和对外分支机构办理人民币业务，对香港分行经营人民币业务采取负面表列管理 放开对外分支机构投资大陆的有价证券
	2012	规定台银业者对大陆的授信、投资、拆借的额度 放宽对大陆企业融资的担保品范围两岸签订货币清算机制
	2013	放开外币结算平台开展岛内及两岸美元和人民币结清算业务 放宽 DBU 的人民币业务范围
	2014	银行公会网站建立海外布局资料区 金融研训院建立大陆资料区
	2015	"金管会"要求银行业者在推进两岸金融业务的同时要把控风险 放开金融控股公司负责人赴对外机构任职

注：2016 年民进党再次执政后至今，台湾并未出台其他针对大陆的金融开放政策。

资料来源：台湾银行业公会年报 1993—2015，本研究整理，2016 年 9 月。

上，2001—2002 年的开放政策一方面仍然是两岸经贸往来现实需求的不断发酵和催化的结果。另一方面，彼时的台湾岛内正在酝酿以"除弊"为主要目的的第一次金融改革，当局有意通过培育和壮大 OBU 的资金调度功能提高台湾金融业的国际竞争力。事实上，台湾的 OBU 至今都是大陆企业获得外币贷款的主要来源。据估计，它们向大陆的中小规模企业提供高达四分之三的离岸贷款资金。它们从需要将销货进款换成当地货币的出口公司那里获得美元。台湾有约 40 家银行活跃在对大陆公司的联合贷款市场上。（南华早报，2014）与此同时，当局允许台湾银行业赴大陆设立代表处，即在两岸互设经营性机构之前"半直接"的实现两岸金融业的事务性沟通。2001 年 6 月，台湾"财政部"修正"台湾地区与大陆地区金融业务往来许可办法"，正式开放岛内银行来大陆设立代表处。在此期间，大陆共批准 7 家台湾银行业在大陆设立办事处，分别是第一银行、华南商银、彰化银行、土地银行、合作金库、台湾中国信托商业银行和国泰世华商银。遗憾的是，这 7 家办事处均因两岸未签署金融监管协议而未能升格为分行。值得一提的是，"半直接"模式不仅体现在当局的业务往来许可上，也体现在两岸银行业自身的合作上。策略联盟是现代企业竞争的产物，它是指企业双方或若干企业在利益共享的基础上形成的一种优势互补、分工协作的松散式网络化联盟，通常表现为短期的契约性协议，如合资、共同研发、交互授权、物流协议等。如表 5.2 所示，这一时期台湾银行业者开始通过各种途径与大陆境内的银行合作。从既有的合作项目上看，信贷保证、担保和联合征信的项目数较多，侧面的反映出大陆银行在为台商授信过程中信息不对称的现象较为普遍。此类透过多元化渠道与大陆银行业建立的同业关系，为接下来设立分支机构、参股大陆银行业奠定了基础。

表 5.2　两岸银行业策略联盟一览表

银行名称	策略联盟	合作项目
台湾中国信托商银	民生银行	应收账款保证与融资
建华银行	华一银行	保证业务及信用放款为主；北京办事处做业务转介
台新国际	德意志银行、渣打银行	应收账款保证及信用放款合作
兆丰国际	华一银行、上海浦发	保证业务、人民币融资及外汇业务
国泰世华	招商银上海分行、农行苏州分行	应收账款融资及联合贷款
第一银行	香港永亨银行	贸易融资为主
远东银行	德国商业银行、DBS 银行上海分行	以保证业务为主
新竹商银	香港东亚银行	以保证业务为主

资料来源：台湾"金管会"：《陪同"立法院财政委员会"考察台湾地区银行在大陆地区分支机构报告》，2011 年 7 月。

三、第三阶段：直接往来

2008 年，国民党重新执政，两岸制度性协商恢复，台湾对大陆的金融开放进程在搁置数年后重新启动。两岸金融往来已经从上一阶段的"半直接模式"演变至"直接模式"，这主要体现为两岸银行业互设经营性机构，开展针对对方货币的金融业务，接受对方发行的有价证券和金融衍生品，允许人才流动等。这一阶段台湾金融开放政策不断突破，已经推出的政策也呈现迅速地调整，以弥补数年僵持所损失的机会。台湾银行业迅速跟进，纷纷设点布局，争取尽快从两岸经贸往来、大陆经济崛起的大趋势中获益。以 OBU、DBU 和对外分支机构处理两岸业务为例，包括台商授信、业务种类和资金规模在内的权限连续数年不断放宽。两岸金融合作的相关研究探讨日益增多，台湾金融研训院已于 2014 年建立大陆资料区，为业者提供相关的大陆信息。然而，大陆金融风险攀升成为台湾银行业大陆投资背后的隐忧，当局在政策设计过程中并未放松对风险的警惕，通过对授信额度、资金来源、股本等方面的约束设置防火墙。2015 年"金管会"则明确要求银行业者在推进两岸金融业务的同时要把控风险。2016 年初，岛内政权再次轮替，两岸制度化协商暂缓。当局在两岸银行业开放上已无更新的政策出台。（陈茜，2019）

5.2 台湾银行业对大陆投资的现状

近年来，台湾金融业对大陆的投资迅猛增加。从 2011 年开始，台湾金融业投资祖国大陆的金额呈现数十倍增长。2013 年，金融业对大陆投资占总投资额的比重达到 20%，增速惊人。可以预计，以银行业为代表的台湾金融业将是下一阶段两岸产业合作的重点。截至目前，台湾银行业大陆投资的主要情况如下：

一、大陆已经是台湾银行业对外投资的重心

随着两岸金融业双向开放的制度藩篱逐渐撤除，台湾银行业对外投资的布局重心也发生了巨大的变化。区域化已经取代"国际化"成为台湾银行业对外投资的首要战略，大多数银行将未来发展定位为亚洲区域银行。从这几年的数据中不难发现，大陆业务已经是亚洲业务的核心。从 2009 年两岸签订 MOU 至今，短短 8 年间，大陆拥有相比其他国家和地区数量最多的分支、法人银行和其他准银行。截至 2017 年底，大陆拥有母、子行的分行 46 家，子行 5 家，参股行 1 家，融资租赁 8 家，消费金融公司 1 家。22 家对外设点的台湾银行中，有 16 家选择在大陆设点。资产规模最大、最具"风向标"意义的台湾银行于 2015 年 1 月通过了《台湾银行布局亚洲发展具体计划》，作为参与亚洲区域经济的执行方案，布局大陆是其重中之重。（台湾银行年报，2016）当然，也有极少的银行并不以大陆为对外市场的重心，如台湾中国信托商业银行。2014 年，台湾中国信托商业银行斥巨资收购日本东京之星银行，日本则成为其对外投资最为关键的一环。

为了深耕大陆市场，台湾银行业者进行了投资业务的区域调整，逐步裁撤经营绩效不佳的对外网点，以利资本更加优化的配置。例如作为投资大陆最为积极，大陆资产最多的台湾银行，富邦金控旗下的台北富邦银行于 2016 年 1 月裁撤洛杉矶分行。又如作为第一家获准于大陆设立法人银行的台湾银行业者，永丰银行于 2016 年 7 月决议出售美国子行，远东国民银行全部股权。值得一提的是，远东国民银行的经营绩效并不差，2016 年的总资产利润率达 2%，相应母行的总资产利润率为 0.47%。将这家美国子行出售，足以说明永丰银行调整商业版图的决心。可以预计，随着大陆业务不断深入，台湾银行业者的类似举措还会出现。另外，台湾银行业在大陆的分支机构中，有相当比例资金是来自于岛内母行或其他金融机构的支持。以玉山银行（大陆）为例，2017 年底由母行玉山银行提供的资金余额接近 18 亿人民币，占当年底总负债的比重达 30%，占总资产的比重超过 20%。巨额的台湾资金借助银行的管道进入大陆，不仅为众多中小台资企业在货币紧缩的环境下提供了更多可靠的"水源"，也使得台湾对大陆的宏观经济更加重视和依赖，

二、非经济因素的干扰依然存在，对业者投资大陆造成了负面影响

2017 年至今，台湾银行业在大陆设立分支机构的步伐有所放缓。从台湾"金管会"近一年审核通过的银行业投资案来看，澳大利亚和东南亚国家已经成为下一阶段的重点布局地。这个现象值得我们重视和反思！

非经济因素的干扰存在于两个方面。一方面，非经济因素影响着两岸制度性协商的成果质量，如上一节所述，含金量颇高的服贸协议被搁浅。另一方面，非经济因素干扰银行业者的投资决策，对大陆投资造成了负面的影响。2016 年，民进党再次执政以来推出"新南向"政策，鼓励台湾银行业者赴东南亚设立网点。为配合当局推动"新南向"政策，满足岛内企业及当地台商对新南向国家投资或拓展业务的资金需求，"金管会"执行了"新南向政策—金融支援"工作，满足"新南向"目标国家和地区投资或经营业务所需资金；此外，制定

"奖励台湾银行加强办理于'新南向政策'目标'国家'授信方案",将台湾银行于该区授信金额及其成长率列入评分标准,增加银行业放款意愿,创造金融与产业双赢。(台湾土地银行年报,2016)一系列倾斜政策的确对银行业的投资决策造成了影响。合作金库在年报中明确表示:"台湾银行在大陆布局趋缓,积极申设及并购东南亚地区海外据点。"(合作金库商业银行年报,2016)台湾中国信托商业银行在年报中表示:"海外市场方面,因应主管机关鼓励业者相应南向政策,中信银行除持续积极拓点之外,以据点相较其他台湾银行有竞争力之东南亚地区来看,该地区经济维持中度成长率,银行渗透率低,未来具高度之发展潜力。"对于公营银行而言,除了上述政策宣导之外,还面临隐形的行政权力制约。作为当局全资持股的银行,台湾银行早在2014年便编列成立台湾银行(中国)股份有限公司投资预算,资本额暂定为20亿人民币。时至今日,该计划还在相关程序办理之中。(台湾银行年报,2016)在非经济因素的干扰下,台湾银行业在大陆的业务规模势必受到压制,从而影响了后续展业的速度。

三、业者投资布局与台商集聚地高度吻合,相互之间存在一定的市场区隔

目前,台湾银行业一共在大陆的16个城市投资设立网点。这些城市中绝大部分都是一线城市以及各省市省会。表5.3显示,上海是台湾银行业布局最多的城市,其次是苏州和深圳。长三角地区拥有最多的分支机构、法人机构和其他金融机构。表5.4显示了现有的3家法人子行和2017年底已批准改制的法人银行的基本情况。5家法人子行中,4家子行的总部位于长三角。其次是珠三角和海峡西岸经济区。天津近年来承接了不少的台商企业,因此台湾银行业在天津也开始布局。因此,银行业布局与台商在大陆的分布高度吻合。服务台商是台湾银行业大陆投资的首要目的。表5.5来自台湾"立法院"的实地调研报告,其中例举了土地银行、彰化银行、第一银行和合作金库等四家银行大陆分行设立之初的情况,不难发现台湾银行业大陆分行大多锁定优质台资企业。短期内,大陆分行都以外汇业务为主,解决台资企业进出口贸易融资问题。就台资企业急需的人民币贷款问题,台银分行的存款规模和营运资金有限。

在子行及其下属分行的区位选择上,体现出一定的市场区隔。目前5家子行总部分别设在上海、南京和深圳。总部位于南京的永丰(大陆)选择广州作为其珠三角的网点,而总部位于深圳的玉山银行(大陆)则将分行布局于东莞和深圳。台湾银行则选址在广州和福州建立分行,而不是其他台商和台银密集区。实行这样的市场区隔策略有利于最大化避免草创期发生激烈的市场争夺。

表 5.3　台湾银行业大陆投资的具体形态：城市别

	城市	分行[1]	支行	子行	其他金融业态
环渤海	北京	1			
	天津	3	1		1
	青岛	1			
长三角	上海	10	17	2	1
	南京	2		2	
	苏州	4	5		3
	宁波	1			
海西	福州	4			
	厦门	3			2
珠三角	广州	3			
	东莞	2	1		
	深圳	5	3	1	1
中部	武汉	3			
	长沙	1			
西部	成都	2			
	西安	1			1
大陆	总计	46	27	5	9

注：[1] 本表中的分行既包括母行的大陆分行，也包括大陆子行的下属分行。支行同理。与表 3.4、表 3.5 有所不同。

资料来源：各大银行 2017 年年报，本研究整理，2018 年 7 月。

表 5.4 台资银行的基本情况

银行名称	成立时间	成立方式	总部地址	母行股份	分（支）行数量
富邦华一银行	1997 年	新设	上海	100%	8（15）
永丰银行（大陆）	2014 年	新设	南京	100%	3（0）
玉山银行（大陆）	2016 年	改制	深圳	100%	2（1）

银行名称	成立时间	成立方式	总部地址	母行股份	分（支）行数量
彰化商业银行（大陆）	2018 年	改制	南京	100%	4（1）
国泰世华银行（大陆）	2018 年	改制	上海	100%	3（3）

资料来源：各大银行 2017 年年报，本研究整理，2018 年 7 月。

表 5.5　台湾地区银行在大陆地区分支机构营运概况

	土地银行上海分行	合作金库苏州分行
开业时间	2010 年 12 月 29 日	2010 年 12 月 29 日
营运资金	人民币 4 亿元	人民币 3 亿元
聘雇人数	台湾 5 人大陆 11 人	台湾 9 人，大陆 10 人
场地大小	租用，约 1248 平方米	
客户群体	与该行建立往来关系的台资企业，并积极开发已在上海及周边（如昆山、苏州等）的优质台资企业。	
业务种类	（1）人民币业务，存款达到一定金额后，再争取主办或参与台资企业大型投资项目的联合贷款业务及台商个人房贷业务。（2）进出口外汇及贸易融资业务。（3）中间业务：汇款与人民币购售业务。	短期以外币业务为主：吸收外币存款，拓展外币授信，提高手续费及汇兑收益。
网点布局		计划在苏州市区设立支行，中长期拟于大陆中西部地区（如重庆、成都等）设立第 2 家分行。
改制经营		如条件成熟，拟申请将分行改制为子银行。

续表 5.5

第一银行上海分行	彰化银行昆山分行
2010 年 12 月 23 日	2010 年 12 月 28 日
人民币 3 亿元	人民币 5 亿元
台湾 8 人，大陆 11 人	台湾 7 人，大陆 16 人
租用，约 1000 平方米	自有，约 1588 平方米
初期客户以台资企业为主	短期以昆山地区的大型台资企业为主要客户，中期拓展到中小型台资企业，长期将涵盖大陆中小企业。
初期以进出口贸易融资为授信业务为主，人民币业务其次，计划开展电子金融业务。	人民币授信、外汇存贷、结售汇业务
中期将申设支行，长期考虑在大陆中西部及东北部增设营运网点。	将在昆山周边地区及长江三角洲地区广设分支机构。
长期内，研究分行改制为子银行的可行性。	

资料来源：《陪同"立法院财政委员会"考察台湾地区银行在大陆地区分支机构报告》，台湾"金管会"，2011 年 7 月 3 日。

四、不同规模的银行投资大陆体现了形态和规模的差异

从目前的情况看，岛内全行资产规模最大的 2 家银行，台湾银行、合作金库在大陆只有 3—4 家分行，没有子行，也没有设立其他形态的金融机构。兆丰国际商业银行作为岛内对外投资历史最悠久的银行，对外投资的资产规模（不含子行）、管理水平绩效皆首屈一指，在大陆目前仅有 2 家分行。台湾中国信托商业银行有对外分支机构 108 处，拥有 5 家子行，是台湾"国际化"程度最高的银行。然而，台湾中国信托商业银行在大陆也有 3 家分行。不仅如此，在厦门成立的消费金融公司，台湾中国信托商业银行的股份占比仅有 34%，投资金额仅仅为 1.7 亿元人民币。相对于其他规模较小的银行，投资意愿明显不足。对于有意深耕大陆业务的银行，包括已经设立子行的 3 家银行，富邦金控、玉山银行和永丰银行，和已经获得银监会批复，子行正在筹建中的彰化银行和国泰世华，其全行资产规模在岛内排名都是居中。其中，富邦金控的大陆业务最为积极和迅速，覆盖范围最广。早在两岸 MOU 和 ECFA 均未签订之前，富邦金控便透过其全资子行富邦（香港）转投资厦门银行。短短几年间，富邦华一银行在大陆的网点数量已经达到 24 家。对于全行资产排名较为靠后的银行而言，

具有法人资格的融资租赁已经成为其进入大陆最为青睐的商业形态。在已经设立的 8 家融资租赁中，有 4 家是由全行资产规模相对较小的上海商银、台中商银和工业银行设立。对于"同文同种"的大陆，上述投资形态和规模的差异体现了台湾银行业在面对大陆市场时具有不同的战略规划。这些战略规划并不是一成不变的，会随着两岸关系及其政策框架的变化而变化，也会受到其他区域经济、金融形势的影响。从两岸经贸合作的角度看，只有当大型的台湾银行业者在大陆广泛投资设点，才有可能迎来两岸银行业合作的大机遇。

表 5.6　台湾银行业大陆投资的具体形态：银行别

全行资产排名	母行名称	分行[1]	支行	子行	其他金融业态
1	台湾银行	3	1		
2	合作金库商业银行	4	1		
3	兆丰国际商业银行	2	2		
4	台湾中国信托商业银行	3	1		1
5	台湾土地银行	3			
6	华南商业银行	3	1		1
7	国泰世华商银	4	3	1	
8	第一银行	3	1		3
9	富邦金控	9	15	1	
10	彰化银行	3	1	1	
11	玉山银行	2	1	1	
13	台湾中小企业银行	2			
14	永丰银行	3		1	
15	台湾上海商业储蓄银行	2			1
21	台中商业银行				1
30	台湾工业银行				2
	总计	46	27	5	9

注：[1] 本表中的分行既包括母行的大陆分行，也包括大陆子行的下属分行。支行同理。与表 3.4、表 3.5 有所不同。

资料来源：各大银行 2017 年年报，本研究整理，2018 年 7 月。

5.3 台湾银行业对大陆投资的制度约束

台湾银行业对大陆投资要受到两岸相关制度和政策的约束。如表 5.1 所示，台湾金融管理部门以管控为基本原则，逐步修改和删除不合时宜的政策条款，适时增加新的条款。以"台湾地区与大陆地区金融业务往来及投资许可管理办法"为例，2002 年，增加了台商授信，增加了 OBU 大陆业务的规范。2005 年，增加了对境外资金调度的约束等。对于台湾银行业而言，政策条款的变化响应了业界的呼吁，尽管限制依然较多，但是在朝着有利的方向在改善。一直以来，祖国大陆对待台资均是参照外资管理。跟随对外开放的步伐不断完善相关制度，逐步与国际接轨。本节将影响台湾银行业大陆投资的法规及政策进行分类梳理，结合业界的数据分析这些条款真正的影响力和约束力。只有对法规政策充分了解，才能更加准确的把握台湾银行业大陆投资的各类动向。

一、台湾相关"法令规章"及其影响力

目前，台湾涉及台湾银行业大陆投资的"法令规章"除了"台湾地区与大陆地区金融业务往来及投资许可管理办法"（下称"办法"）之外，还有"台湾地区银行对大陆地区之授信、投资及资金拆存总额度计算方法说明"（下称"说明"）、"银行、金融控股公司及其关系企业投资大陆地区事业管理原则"（下称"原则"）、"银行、金融控股公司及其关系企业投资大陆地区金融机构以外之金融相关事业之规定"（下称"规定"）等三项。其中，"办法"关于银行业大陆投资的规定涵盖了申请者的资格条件、业务管制、申请流程等三大类，是其他"法令规章"的前提和核心，是台湾银行业投资大陆需要经过的第一道门槛。

这些"法令规章"本质上都是对有意赴大陆投资的台湾银行业者进行管制，然而其影响力、作用力却大不相同。结合业者的数据，可以从两方面来分析这些"法令规章"所形成的实质影响。

一方面是针对准入门槛的管制，主要考察申请赴大陆投资设立分行、子行和参股的银行的风险承受能力。在"办法"对于申请赴大陆地区设立代表处、分行、子行和参股的要求中，设立分行和参股的要求一致，主要包括资本充足率高于 10%，逾期放款比率低于 2%，备抵呆账覆盖率（又称：拨备覆盖率）高于 60% 及 OECD 国家设点多于 5 年。设立子行的要求更高，主要包括扣除投资大陆资金后的核心资本充足率高于 8%，逾期放款比率低于 1.5%，备抵呆账覆盖率高于 100% 及 OECD 国家设点多于 5 年。对于逾期放款比率和备抵呆账覆盖率而言，这一标准丝毫不构成投资障碍。尽管无法获得各家银行的相关数据，但是从整体上看，依然可以做出判断。2007 年以来，台湾银行业的逾期放款比率便低于 2%，十余年来不断下降。2017 年底，台湾银行业的逾放比率为0.28%，尽管较 2015 年底逾放比率 0.23%，小幅上升 0.05 个百分点，却远远低于 1.5%、2% 的上限要求。与此同时，2015—2017 年底台湾银行业的备抵呆账覆盖率分别为 555.43%、502.93% 和 492.92%。（合作金库商业银行年报，2016、2017）尽管该比率持续下降，却远远高于 60% 和 100% 的最低要求。对于资本充足率和核心资本充足率而言，大中型银行能够自由选择投资大陆的商业形式，而小型银行在投资大陆子行上则存在资本不足的障碍。据悉，合作金库于 1989年底才获准正式成立"国外部"，在"国际化"的脚步上较其他银行也落后很多。然而，由于合作金库的资本充足率远低于国际标准，使得其在随后进军岛外市场的过程中不太顺利。表 5.7 显示了 22 家对外投资的台湾银行业者中尚未大陆投资的 5 家银行和仅投资设立租赁业的 3 家银行的资本充足率和核心资本充足率。这 8 家银行近 5 年的资本充足率均高于 10%，即满足在大陆设立办事处、分行和参股的这一条件。从核心资本充足率上看，8 家银行该值均明显高于 8%。对于其中净资产较小的银行业者而言，投资大陆子行后可能无法满足这一条件。对于其中净资产规模相对较大的银行，在扣除大陆投资子行的资金后依然有望高于这一门槛，即满足在大陆设立子行的这一条件。然而，即便如此，由于自有资本有限，设立子行的规模不会太大。对于已经在大陆设立分行的银行业者而言，如表 5.8 所示，大多为台湾大中型银行，核心资本充足率高，净资产庞大，扣除大陆投资子行的资金后对核心资本充足率的影响很低。由此，"办法"中的核心资本充足率要求并未对这些业者大陆投资的商业形态选择构成障碍。值得一提的是，就"在 OECD 国家设立分支机构并经营业务五年"的这一规定而言，却成为不少银行业者延缓大陆投资的限制。截至 2017 年底，在22 家对外投资的银行业者中就有 8 家银行业者未在 OECD 国家设点。然而，这一规定目前看来并没有构成硬约束。以国泰世华商银和台北富邦商银为例，二者尽管未在 OECD 国家设点经营，但不影响其在大陆的投资布局。换言之，部分"法令规章"的约束效力并没有严格执行，存在一定让渡的空间。

表 5.7 若干台湾银行业者的资本充足率和核心资本充足率 [1]

单位：%

银行	指标	2012 年底	2013 年底	2014 年底	2015 年底	2016 年底	2017 年底
台新国际商银行	资本充足率	13.19	10.94	11.01	12.49	14.21	14.23
	核心资本充足率	8.44	8.31	8.61	8.44	10.64	10.91
元大商业银行 [2]	资本充足率	14.45	11.52	11.62	12.83	14.28	16.23
	核心资本充足率	10.79	9.33	8.93	9.78	11.99	14.18
新光商业银行	资本充足率	11.10	10.57	10.89	11.76	12.69	13.06
	核心资本充足率	7.72	8.06	8.46	9.37	9.86	10.44
远东商业银行	资本充足率	12.47	12.46	12.91	12.64	13.14	14.35
	核心资本充足率	8.63	8.25	9.14	9.32	9.52	11.06
联邦商业银行	资本充足率	12.51	13.92	13.20	13.19	13.47	15.70
	核心资本充足率	10.28	10.87	10.60	10.35	11.10	13.89
台湾上海商储银行	资本充足率	16.24	12.05	13.10	13.89	13.16	14.15
	核心资本充足率	13.03	11.71	11.98	12.65	12.80	12.89
台中商业银行	资本充足率	10.54	11.37	10.84	11.15	10.25	12.01
	核心资本充足率	8.57	8.42	8.78	9.49	9.09	10.98
台湾工业银行	资本充足率	14.45	13.33	14.93	14.12	14.80	13.71
	核心资本充足率	14.45	13.26	12.56	12.43	12.09	10.97

注：[1] 这 9 家银行，已有对外投资，但尚未投资大陆或者对大陆仅有非银行金融业投资。数据采集自银行个体（非合并），选取的时点为各年度 12 月 31 日。[2] 大众商银已于 2018 年 1 月被元大商银收购。

资料来源：各银行 2016 年年报，本研究整理，2018 年 4 月。

表 5.8 已赴大陆投资的台湾银行业者的核心资本充足率 [1]

单位：%

	2012 年底	2013 年底	2014 年底	2015 年底	2016 年底	2017 年底
台湾银行	10.01	8.93	8.76	8.72	9.83	10.86

	2012 年底	2013 年底	2014 年底	2015 年底	2016 年底	2017 年底
合作金库	7.60	7.40	8.19	9.32	9.60	10.32
兆丰国际	9.57	9.33	9.75	11.23	12.56	12.78
台湾中国信托	11.75	9.51	12.58	13.32	14.85	16.18
土地银行	6.54	6.64	6.94	7.47	8.33	9.46
华南商银	9.31	8.99	8.98	9.88	9.78	11.23
国泰世华	9.03	10.12	11.51	11.99	10.70	11.74
第一银行	8.41	8.31	9.02	10.93	10.95	11.25
台北富邦	9.89	10.38	10.43	11.30	12.57	12.11
彰化银行	8.87	8.82	8.40	8.81	8.86	9.36
玉山银行	9.05	8.48	9.34	9.31	10.28	11.77
中小企银	7.90	8.23	8.20	8.84	9.59	9.51
永丰银行	8.86	8.33	9.31	10.35	11.58	13.04

注：[1] 这 13 家银行均已在大陆设立分行、子行、参股中的任一、二商业形态。数据采集自银行个体（非合并），选取的时点为各年度 12 月 31 日。

资料来源：各银行 2016 年年报，本研究整理，2018 年 4 月。

另一方面是针对业务规模的限制。尽管当局在市场准入方面的约束力不强，但在具体的资金层面上却体现出较强的约束性。总体而言，相关条款极大的阻碍了台湾银行业在大陆的展业速度和业务拓展速度。具体而言，资金约束体现在授信和投资两个方面。在第二章提到，当局对非大陆地区对外分支机构的在地业务并无太多约束。"但该业务不符合台湾地区金融'法令'规定者，应先经主管机关许可"就为当局约束 OBU 和对外分支机构留下了余地。自 2002 年允许对外机构对大陆台商融资以来，当局便指定了相应的融资比例上限，以控制对外机构对大陆的融资规模。2008 年之前，"办法"要求授信业务及应收帐款收买业务的总余额不得超过 OBU 上年度决算后资产净额的 30%，其中无担保部分不得超过其资产净额的 10%。在此之后，"办法"有所放宽，即母行满足一定的风险监管要求之后，该比例能提高至 50%。风险监管要求包括逾期放款比重低于 1.5%、备抵呆账覆盖率高于 80%、资本充足率高于 10%，按照上述数据来看，这个条件并不苛刻。尽管当局 OBU 和对外分支机构的涉大陆融资已经大幅放宽至 50%，但是对于以大陆业务为主的 OBU 而言，经营自由度得并没有得到更大的改善。除了 OBU 和对外机构的涉大陆业务之外，"办法"规定，岛内银行及其对外子行赴大陆设立分行、子行及参股的累计拨付的营业资金及投资总额不得超过银行净值的 15%。金融控股公司赴大陆参股投资的总额不得超过该金控净值的 10%。根据 2017 年底台湾各大银行净资产数据，台湾银行业者的该上限值介于 20—80 亿人民币之间，进而投资金额相当有限。如果这一条例被严格遵守，绝大部分银行都要受到约束。受投资金额的限制，营业网点无法全面铺开，必然影响台湾银行业大陆投资的深度和广度。另外，"办法"中要求岛内银行（不包括对外子行）对大陆地区的授信、投资及资金拆存总额度，不得超过其上年度决算后净值之一倍。换言之，流向大陆的资金总额上限为净资产的 100%，其中不包括短期贸易融资。在扣除上述 15% 的投资总额后，对大陆的融资及拆存金额不得超过净资产的 85%。表 5.9 显示了最新的数据：截至 2018 年 6 月底，台湾 32 家本地银行对大陆的授信、投资及资金拆存总额在总体上已经达到了 56.4%。其中，在大陆设立分支机构的银行中已经有 7 家银行额度占比超过 70%。台北富邦银行作为投资大陆最为积极和迅速的银行，该占比为 81.2%，距离 100% 的上限已经不远。由此可见，这一金额上限在短期内对大多数银行业者不构成实质的影响。随着银行业经营重心不断调整，大陆地区的业务越来越重要，如果这一条例将来仍不做修改，势必会影响台湾银行业在大陆的业务规模。

表 5.9 台湾银行业对大陆地区的授信、投资及资金拆存总额度计算表

单位：亿元人民币、%

净值排序	银行名称 [1]	2017 年度决算后净值	当前总额度 [2]	总额度占上年度决算后净值的倍数
1	台湾银行	631.7	226.8	35.9%
2	中国信托商业银行	574.1	443.0	77.1%
3	兆丰国际商业银行	549.8	390.2	71.0%
4	合作金库商业银行	424.3	224.7	52.9%
5	第一商业银行	398.9	157.9	39.6%
6	国泰世华商业银行	390.8	287.3	73.5%
7	华南商业银行	370.9	166.8	45.0%
8	台北富邦商业银行	369.4	299.8	81.2%

净值排序	银行名称[1]	2017年度决算后净值	当前总额度[2]	总额度占上年度决算后净值的倍数
9	台湾土地银行	316.6	129.2	40.8%
10	彰化商业银行	308.1	150.4	48.8%
11	玉山商业银行	308.1	216.8	70.4%
12	台新国际商业银行	263.0	156.8	59.6%
13	永丰商业银行	261.9	189.2	72.3%
14	台湾上海商业储蓄银行	252.0	176.9	70.3%
15	元大商业银行	238.7	115.6	48.4%
16	台湾中小企业银行	162.5	92.8	57.2%
17	凯基商业银行	127.0	85.6	67.4%
18	台湾新光商业银行	113.9	45.1	39.6%
19	联邦商业银行	102.5	7.7	7.5%
20	台中商业银行	91.7	33.7	36.8%
21	远东国际商业银行	90.7	57.6	63.7%
22	台湾京城商业银行	77.1	28.2	36.7%
23	安泰商业银行	67.4	42.9	63.5%
24	台湾中国输出入银行	67.2	7.2	10.6%
25	王道商业银行	62.4	42.5	68.3%
26	阳信商业银行	56.9	24.5	43.0%
27	日盛国际商业银行	43.8	21.7	49.7%
28	板信商业银行	31.3	10.7	33.9%
29	高雄银行	30.9	18.0	58.1%
30	三信商业银行	22.1	0.9	3.7%
31	华泰商业银行	20.8	4.2	20.1%
32	瑞兴商业银行	11.2	2.8	25.3%
	总计	6837.5	3857.2	56.4%

注：[1]本研究剔除了花旗、渣打、汇丰、澳盛和星展等五家外资法人银行。[2]统计时间为2018年6月底。

资料来源：台湾"金管会"，本研究整理，2018年8月。

　　除这两方面之外，对银行的其他类型的投资活动的管制也很多，主要体现在投资类别、股份占比和投资主体等三方面。在"规定"和"原则"中，台湾银行业被允许直接投资大陆地区的保理公司和融资租赁公司，被允许通过子公司间接投资大陆地区的小额贷款公司。为了控制力及资金安全，要求对保理公司和小额贷款公司的持股比例必须是100%，即全资持股。对融资租赁公司，要去持股比例在25%以上。另外，当局规定台湾银行业不能投资于大陆的创业投资管理公司以及非金融机构，其子公司投资大陆的非金融机构的单一持股比例不能超过5%。从这些条款上看，当局充分考虑到了台湾银行业赴大陆投资的动力和将面临的经济金融环境，一方面尽可能地给予业者宽松的、"合法"的投资通道，另一方面控制业者对大陆投资的规模，防范发生金融风险。值得一提的是，如上章节所述，除了早年为促进进出口贸易而涉足非金融业，台湾银行业对外投资以银行业为绝对主导，辅之以少量非银行金融业，如融资租赁和消费金融公司。和台商一样，银行对外投资以绝对控股为优先考量。因此，此类条款对银行业对外投资并不构成实际的约束。

　　二、大陆相关法律法规及政策性制度规范的影响力

　　（一）基本的法律法规框架及其影响力

　　一直以来，大陆并未单方面出台专门针对台湾金融机构的法令规章，而是将台资参照外资管理，遵循法令规章包括《中华人民共和国外资金融机构管理条例》（1994—2006）、《中华人民共和国商业银行法》（1995—）、《中华人民共和国外资银行管理条例》（2006—）、《中国银监会外资银行行政许可事项实施办法》（2015—）等。

　　表5.10列举了大陆外资银行开放的市场准入条件。总体而言，营运资金、充足率、存贷比等经营指标均不构成台湾银行业投资布局的障碍，但母行的资格会阻碍小型台湾银行业者赴大陆设点。22家对外投资的台湾银行业者中，只有3家的总资产在2017年底依然达不到设立分行所需的200亿美元总资产的最低门槛，分别是联邦银行、远东国际商银和台湾工业银行。台湾工业银行目前还达不到设立子行、参股所需的100亿美元总资产的最低门槛。目前这3家资产规模较小的银行在大陆只设立了2家租赁公司。另外，就尚未对外投资的10家小型台湾银行业者而言，资产总额都低于200亿美元，进而达不到在大陆设立分行的标准。资产总额低于100亿美元的依然有7家。由此可见，小型台湾

银行业者已经无法通过传统的路径进入大陆。

通过比较可以发现，外国银行分行的经营难度大于子行，大陆监管层在尊重银行自主商业选择的基础上，鼓励希望发展本地居民人民币业务的外国银行分行改制为外资法人银行。与外国银行分行相比，外资法人银行具备本地公司治理架构和管理资源，对母行依附程度相对较低，所在国能够掌握监管主动性和充分信息，有利于防范外资银行在联通内外及本地发展中面临的风险，实现保护存款人利益的目标。2006年之前，在大陆的外资银行主要以分行形式经营，之后部分开始转为以本地法人形式经营。目前，尽管台湾银行业"登陆"形式大多选择分行，但由分行转制设立法人实体的在逐步增加，"试水"的心态逐步转变为"深耕"的心态。

2010年6月底，海峡两岸签署ECFA，其中包含了大陆对台湾银行业者市场准入的特别优惠。就ECFA中有关大陆方面银行部门的开放承诺而言，只在准入流程上提速，而对于准入门槛则均比照外资管理。相比CEPA，台湾银行业在ECFA中所获得的优惠力度不大。《海峡两岸服务贸易协议》（简称：服贸协议）是将ECFA开放承诺中方向性的思路具体化，并在投资的形式、数量和股权结构方面给予优惠，优惠力度总体上仍然不及CEPA，投资门槛没有大幅放宽。目前，这一含金量颇高的协议却因岛内政治、社会因素暂时搁浅。

（二）制度演变的新趋势及其约束力

这两年来银行业政策开放的步伐明显加快。2017年3月，银监会发布《关于外资银行开展部分业务有关事项的通知》，就外资银行与母行集团开展内部业务协作，在华外资法人银行可依法投资境内银行业金融机构，开展国债承销、托管、咨询服务等业务资格等进行了明确。2017年7月，银监会发布《关于修改〈中资商业银行行政许可事项实施办法〉的决定》，明确了外资银行入股中资商业银行的条件。未来外资银行既可以选择以境外母行为主体投资境内银行业金融机构，也可选择以在华法人银行为主体进行投资。2017年10月，十九大报告提到"深化金融体制改革，增强金融服务实体经济能力""推动形成全面开放新格局"。2018年3月5日，《国务院政府工作报告》提到"放宽或取消银行、证券、基金管理、期货、金融资产管理公司等外资股比限制，统一中外资银行市场准入标准"。2018年2月，银监会发布《关于修改〈中国银监会外资银行行政许可事项实施办法〉的决定》，增加关于外资法人银行投资设立、入股境内银行业金融机构的许可条件、程序和申请材料等规定，为外资法人银行开展股权投资提供了明确的法律依据；取消了外资银行开办代客境外理财业务、代客境外理财托管业务、证券投资基金托管业务、被清算的外资金融机构提取生息资产四项业务的审批，实行报告制，强化事中和事后动态审慎监管；进一步统一中外资银行市场准入标准。博鳌亚洲论坛上，大陆宣布若干金融开放的重大措施，其中包括取消银行和金融资产管理公司的外资持股比例限制，内外资一视同仁，允许外国银行在我国境内同时设立分行和子行；鼓励在信托、金融租赁、汽车金融、货币经纪、消费金融等银行业金融领域引入外资；对商业银行新发起设立的金融资产投资公司和理财公司的外资持股比例不设上限；大幅度扩大外资银行业务范围，等等。接下来，银监会将积极推动相关法规和监管制度的修订工作，预计将会有更多的银行业对外开放政策落地实施。

除了上述市场准入的开放之外，金融监管及风险指标也趋向于和国际水平保持一致。截至 2017 年末，大中型银行中，大型商业银行、股份制商业银行的拨备覆盖率分别为 180.45%、179.98%。中小银行中，城市商业银行、民营银行、农村商业银行、外资银行的拨备覆盖率分别为 214.48%、697.58%、164.31%、296.88%。全行业的平均拨备覆盖率达 180% 左右，远远超过了国际水平。对此，2018 年 2 月，银监会印发了《关于调整商业银行贷款损失准备监管要求的通知》（银监发〔2018〕7 号），拨备覆盖率监管要求由 150% 调整为 120%—150%，贷款拨备率监管要求由 2.5% 调整为 1.5%—2.5%。

对于台湾银行业而言，在两岸制度性协商暂缓的情况下，大陆金融生态环境出现了上述可喜的变化，投资将迎来良好的时机。首先，相比较大陆银行业，台湾银行业的规模实在是非常小，单打独斗很难在原本竞争就足够激烈的大陆市场生存下来。放宽外资持股比例是重大利好。位于比利时的台湾联合银行便是最好的范本，合作金库、土地银行和台湾银行分别持股 90.02%、4.99% 和 4.99%。这一模式同样适合于大陆，合资创立银行将大大提升其综合竞争力。其次，允许大陆子行与台湾母行开展业务合作，也将增强子行的业务能力，提升子行的运营效率，丰富金融产品。再次，以拨备覆盖率降低为代表的监管条件的调整，体现了大陆金融监管的对外开放态度，不仅有助于提高台湾银行业在大陆的营商便利度和风险抵御能力，也提高了业务创新的积极性。

表 5.10　中国开放外资银行准入对照表

	外商独资银行	中外合资银行	外国银行分行	外资参股中资行
股东性质：类别	所有股东为金融机构，股股东为商业银行	所有外商股东为金融机构，主要外方股东为商业银行；大陆股东可不完全为金融机构		为境外金融机构。银行，资本充足率 ≥ 8%；非银行，资本充足率 ≥ 10%
代表处年限	≥ 2 年	无年限要求	≥ 2 年	
外方控股或主要股东总资产	≥ 100 亿美元		≥ 200 亿美元	≥ 100 亿美元 [3]
投资实体：银行注册资本	≥ 10 亿人民币		≥ 2 亿人民币（外汇业务）；≥ 3 亿人民币（外汇和人民币业务）	
分行营运资金		≥ 1 亿人民币，分行营运资金 ≤ 60% 总行资本金		
人民币业务：经营条件	3 年以上，近 2 年盈利		非境内公民人民币业务 [1]；非银行卡业务	
业务内容	存贷、债券与外汇买卖，进出口，银行卡等			
其他监管要求	资本充足率 ≥ 8%；存贷比 ≥ 75%；流动性资产负债比 ≥ 25%；同一贷款人贷款余额占资本余额 ≤ 25%		若干财务指标 [2]	单个机构持股比 ≤ 20%；多个机构持股比之和 ≤ 25%；（2018 年取消）

续表 5.10

港澳地区银行[4]	台湾地区银行[5]	大陆范围内商业银行
香港或澳门地区商业银行	台湾地区商业银行	大陆资本
≥1年（独资或分行）	≥1年（独资或分行）	
≥60亿美元（仅限于参股）		
在多家分行平均营运资金≥5亿元人民币的前提下，单家分行营运资金≥3亿元人民币，即多家分行整体考核	多家分行整体考核	全国性商业银行≥10亿人民币；城市商业银行≥1亿人民币；农村商业银行≥0.5亿人民币；分行营运资金≥60%总行资本金
2年以上，近1年盈利（服务港企，开业1年以上，近1年盈利）	大陆设立2年以上，开业1年以上，近1年盈利（服务港企，开业1年以上，近1年盈利）	在外商独资银行业务的基础上，可以发行金融债券、代销、兑付、承销政府债券
可建立小企业金融服务专营机构	可建立小企业金融服务专营机构；申请在大陆中西部、东北部开设分行设立绿色通道	资本充足率≥8%；存贷比≥75%；流动性资产负债比≥25%；同一贷款人贷款余额占资本余额≤25%

注：[1] 此处的外国银行分行业务是相对外资法人机构而言，在非境内公民人民币业务中，100万人民币以上的境内公民存款除外。
[2] 财务指标，如上所述，营运资金的30%应当以国务院银行业监督管理机构指定的生息资产形式存在等。
[3] 投资入股中资城市信用社或农村信用社的，最近一年末总资产原则上不少于10亿美元。
[4]
[5] 香港银行在广东省设立分行与法人银行均可以参照内地相关法规要求在广东省立异地支行。其他未提及的项目

或条件，比照外资银行管理。

资料来源：中国人民银行、商务部、银监会、国台办，本研究整理，2017 年 6 月。

5.4 台湾银行业对大陆投资的挑战与机遇

台湾银行业大陆投资将面临几重困难，其中既有多年未能解决的顽疾，也有新时代下的新问题。所谓新的机遇，并非短期的变化，而是着眼于一段相当长的时间，对台湾银行业大陆投资构成重大影响的事件。通过分析问题的难度，本文尝试寻找理性的出路

一、台湾银行业并没有优于其他外国银行分行、外资银行的核心竞争力，需要充分发挥两岸同文同种的优势

与其他经济体的银行相比较，台湾银行业的整体资产回报率较低，但经营良好。表 5.11 显示了世界经济论坛发布的台湾银行业的稳健度在世界 137 个经济体中的相对排名。台湾银行业的稳健度排名在 10 年间呈现大幅提高，从最低的第 117 名上升至第 16 名。尽管这个成绩远高于 2017—2018 年全球竞争力报告中大陆的第 82 名排名，但和在大陆投资设点的其他发达经济体的银行业相比，其稳健性还是相对不足。

表 5.11　2006—2017 台湾银行业稳健度排名

报告时期	分值	排名
2017—2018	5.9	16
2016—2017	5.9	22
2015—2016	5.81	25
2014—2015	5.73	32
2013—2014	5.50	48
2012—2013	5.37	62
2011—2012	5.51	51

报告时期	分值	排名
2010—2011	5.30	58
2009—2010	4.94	94
2008—2009	4.61	117
2007—2008	4.60	114
2006—2007	4.93	85

资料来源：2016—2018 年的数据来自世界经济论坛全球竞争力报告。2007—2015 的数据来自林士杰：《台湾金融竞争力指标及趋势的观点》，《银行公会会讯》第 94 期，2016 年 7 月。本研究整理，2018 年 6 月。

众所周知，近年来在大陆的外国银行分行、外资银行发展速度相对本土银行要慢，总体市场份额持续下降。造成这种现象，部分原因是大陆银行业对外开放水平不够，但更为重要的他们受文化理念、资产规模以及授信规模的限制，难以与大陆本土银行竞争。外资行合规风控意识更强，在大陆的经营要受到母行所在国和大陆监管部门的双重约束，即"戴着镣铐跳舞"。对于台湾银行业而言，其核心竞争力不如其他外国银行，又缺少大陆商业银行的本土优势。在大陆的台湾银行业者不仅要面对此类相似的问题，而且还要面对额外的一些问题。一方面，尽管和外资行一样，都为母行客户在大陆发展提供信贷、咨询支持，但台湾银行业者的困难相对更大。欧美日韩等大型企业，以根留母国、触角延伸到大陆的方式对大陆投资，其母公司在母国的规模与债务信用均未萎缩，其大陆分公司的债信比较容易被母国银行在大陆的分行所接受，从而顺利给予额度。唯台湾厂商，有许多采取举家外移式的投资，或者其台湾母公司的规模与债信呈现明显萎缩状态，使得在大陆的台湾银行业者与大陆的台商之间难以完全凭借过去在台湾的往来关系作为在大陆地授信的考量。因此，尽管《31 条惠及台胞措施》中提出，"台湾征信机构可与大陆征信机构开展合作，为两岸同胞和企业提供征信服务。"对台胞个人的征信有所助益，但是对于台资企业的融资却没有太大的帮助。对于大多数台资中小企业而言，一直以来都不是当地银行优先往来的对象。即使台湾银行业者在大陆设有分支机构，其企业的信用等级依然不变，进而所面临的授信条件也不会因为银行是台资而较为宽松。另外，台商经常采用设立多家境外纸上公司的方式，结合 OBU，进行资金调度作业，以致境外纸上公司彼此间进出货、应收应付往来频繁，账目内容混淆不清，成本及利润极易在关系企业中交易流转，造成在台公司的报表失真，银行对授信客户整体评估难以进行。（王鹤松，2002）大陆台商的生意，只有极少数公司是在供需两端都窝在台商圈内，更多是向非台商采购或是卖给非台商。台湾银行业者若要循着台商客户的业务关系，拓展到客户的上下游厂商，或是掌握客户的还款理财品质，难免要面临对非台商的评估或授信，在这方面必然与当地银行构成竞争态势。（简永光，2008）另一方面，在企业的跨境业务中，外资行可以起到较好的补充作用，通过与母行联动为企业跨境融得低成本资金。对台湾银行业而言，在其他国家和地区的网点数量极其有限，在境外通汇关系与外币清算机制、外币汇款、外汇票据保证及承兑、远期外汇与衍生性金融商品等方面也不具备明显优势。客户在面临本土银行、外国/外资银行和台湾银行业者三种选择时，后者并不具备独到的吸引力。

文化的相似性是台湾银行业者相对于外国银行分行及外资银行的最大优势。目前大陆的部分金融产品还处于对境外同类产品的初步模仿阶段，未能与中国消费者的消费习惯、文化观念以及购买能力相结合。如果台湾银行业者能够在这一方面有所作为，将会有很多可拓展和发挥的空间。

二、宏观战略催生了新的资金需求，台湾银行业应有效识别风险、寻找商机

"一带一路"倡议、绿色金融战略、新经济都是当下银行业关注的热点。就"一带一路"而言，大部分沿线国家和地区正处于城市化快速增长阶段，城市化过程催生大量基础设施需求，政府、政策性银行及基金是项目融资的主导者但扩大的空间有限，需要开拓新的融资渠道。（屈宏斌、马晓萍，2017）该倡议推动了沿线国家和地区的经济增长，更多中资企业投资或参与基建、运输与能源网络等项目。目前大陆企业在境外设立的企业近 3 万家，境外企业资产总额超过 3 万亿美元，大陆已连续三年位居全球第三大对外投资经济体，对外承包工程的合同额和营业额均位居世界第一，其中三分之一集中在"一带一路"沿线国家。（鄂志寰，2017）鉴于大多数参与"一带一路"的企业主体，包括央企和民企大都是大陆境内商业银行的现有客户，助力这些客户的跨境业务是对现有业务关系的自然延伸。随着该倡议进入务实合作新阶段，其对大陆银行业国际化的影响正在陆续显现，即为走出去企业提供企业并购、资金融通、国际结算、财务咨询、风险管理、投资银行等服务。与此同时，人民币加入 SDR 后，人民

银行已与 30 多个国家和地区的中央银行或货币当局签署了双边本币互换协议，清算渠道的扩张和清算账户链条也在不断地延长，扫除了各国和地区货币政策主管机关持有人民币资产的技术障碍。随着他们和各类财富基金主动吸纳人民币资产并带动商业机构配置人民币资产，大陆商业银行体系内将不断积累境外客户资源，改善以往覆盖地域化拓展程度有限、客户基础薄弱等问题。

值得一提的是，大陆银行业的国际化经营一直以传统对公业务为主，贷款业务、银团贷款业务、国际贸易融资业务是其核心业务，各行的海外业务增长大多体现在信贷资产规模连年迅速增长上，贷款业务占总资产比例和利息收入占总收入比例均远高于西方同业水平。随着"一带一路"倡议的认可度、参与度逐渐提高，核心业务的占比将进一步提高。这一点与台湾银行业近年来遇到的核心业务不足形成鲜明对比。因此，台湾银行业者应该利用其在大陆境内外的网点与大陆商业银行进行双向或多向的沟通联系，加强在业务合作上的密切合作，赢得更多拓展市场的机会。这些机会不仅包括项目融资、银团贷款、资本市场融资，还包括现金管理、跨境结算、账户管理和风险管理等在内的广泛的银行产品。

另外，随着海外业务占比的增加，大陆银行业国际化将面临更加复杂的市场环境和监管要求。多数"一带一路"国家和地区的国际信用评级低，隐含风险较高等等。这需要投入更多的时间和精力来逐步来强化风险管控机制，提升了交易成本。如第二章所述，发达市场的主要国家对于反洗钱和合规监管的要求非常严格，监管主体繁多，监管法规庞杂。两岸银行业在这方面都有过被处罚的案例，因此可以共同研究和熟悉投资标的所在国家法律法规和对外经济金融政策，及时了解和掌握相关法律条款和政策规定的变化，避免在国际化过程中遭遇法律纠纷，造成经济损失。

就绿色金融而言，是指金融业在投资行为上注重对生态环境的保护，对环境污染的治理，增强对环保产业发展和技术创新的支持，通过对自然生态资源的引导，促进经济的可持续发展和生态的协调发展。据《中国银行家调查报告（2016）》数据显示，有 88.9% 的受访银行家认为当前开展绿色金融将对银行经营产生正面影响，有 97% 的受访银行家认为绿色金融在未来五年将成为银行业务的重要组成部分。除了银行家对发展绿色金融有着普遍认同，就目前我国低碳产业发展现状来看，绿色金融同样亟待发展。（巴曙松，2017）近几年来，以人工智能、大数据、大健康为代表的新经济度过初创期，开始进入成长期，增长活力已经开始显现出来。从大陆的产业政策观察，其实近年来也是在不断明晰化，在积极支持新经济的发展。在国家战略以及经济热点面前，台湾银行业应该加大研究力度，有效识别风险。例如，传统意义上的银行贷款等融资形式往往并不适合新经济的风险收益特征。绿色金融相关的法规、政策和优惠措施还未清晰。不论如何，在现有的发展方向中挖掘潜在的市场需求，是台湾银行业深耕大陆市场的必然选择。

不久前出台的《关于促进两岸经济文化交流合作的若干措施》中提到，"台资银行可与大陆同业协作，通过银团贷款等方式为实体经济提供金融服务。"这已经为台湾银行业参与大战略融资提供了政策依据。事实上，ECFA 生效后不久，两岸银行业便初步展开合作。2011 年 1 月初，交通银行与第一银行在上海签署了全面业务合作协议，将在银团贷款、贸易融资、风险管理、现金管理等领域加强合作；3 月末，交行与兆丰国际签署业务合作备忘录；11 月初，中国银行与土地银行签署业务合作备忘录，双方将在贸易融资、资金拆借、信息和人员交流等领域开展合作，此外签订合作协议的还有彰化银行、华南金控、中信金控等。

三、互联网金融带来了银行业的深度变革，台湾银行业需要一边投资一边转型

近年来，互联网金融驱动下的电子渠道打破了银行业固化网点模式，有效地突破了地域、时间的限制，对传统物理渠道的替代效应在逐渐增强，银行物理网点渠道的地位进一步受到挑战。从国际现状来看，花旗集团 2016 年度报告显示，"欧美的商业银行正处于网点发展的转折阶段，相对于 2014 年度的最高值，未来会有 30%—50% 的网点消失。"从大陆发展情况来看，2013 年至今，尽管四大国有商业银行的物理网点数量变化幅度不大，但为应对金融环境变化，以及用户的交易行为和消费行为的不断升级导致的银行传统业务和服务功能弱化，也积极尝试网点运营模式转型。（巴曙松 等，2018）在日常生活中不难发现，不少网点的装修设计、业务功能、硬件设备和人员配置都发生过了巨大的变化。高效率的自助业务部分取代了柜台办理。客户体验环境在短期内得到了巨大的改善。

与此同时，源于美国的社区银行（Community Bank）在大陆兴起，若干家股份制商业银行通过建立社区银行，弥补与四大国有银行在网点上的差距，并通过下沉式的服务，挖掘到更多潜在客户和潜在需求。台湾银行业一贯以"小

而美"著称，目前在大陆的网点也在主打文化软实力，强调体验感。以富邦华一银行为例，为树立品牌差异化形象，迎合高端企业主及白领人群需求，该银行通过跨业经营，打造特色实体网点，包括陆家嘴艺廊、书房银行、科技智能银行、南京咖啡银行、静安花店银行、成都书房银行等，提供客户截然不同的银行交易体验，创造生活美学与金融服务完美结合的新一代银行经营模式。（富邦华一银行年报，2016）这点与正在转型的大陆商业银行不谋而合。不仅如此，互联网金融的便利度激励着大陆商业银行不断完善线上渠道，满足人们对于电子渠道、网络渠道金融服务不断增长的需求。这一方面也正是台湾银行业近年来发展的重点。虚拟化是与"国际化"并行的台湾银行业的两大方向。纵观近年来各个银行年报，金融科技已成为关注的焦点。岛内激烈的竞争使得台湾银行业者不断推陈出新，完善各类线上服务，细致周到、人性化。随着大陆业务不断拓展，台湾银行业者能够在线下服务、金融科技等方面寻求到广大的合作的空间，包括网点建设与共享、应用软件的开发与设计、一线从业人员的业务和服务培训等。

四、货币政策趋紧，银行业务呈现结构性调整，台湾银行业与本土银行一同回归传统业务，缩小在资源条件上的差距

全球范围内的量化宽松政策逐步退出，美联储加息、收缩资产负债表是未来很长一段时期宏观金融环境的主要特征。近两年来，去杠杆、防范化解重大风险成了大陆金融监管的首要工作。2018年以来，以"严监管、控风险、紧信用"为核心的货币政策效果已经显现。从同年7月31日召开的政治局会议释放的政策信号来看，任何形式的货币刺激政策都已经被否决了。"防风险、助实体"成为金融业发展的核心命题。利率上升，流动性趋紧将是商业银行面临的主要问题，资产扩张速度将被迫放缓，同业业务随之萎缩。依赖批发性融资作为主要资金来源的银行首当其冲，被迫进行结构性调整，回归传统的业务。为了在后量化宽松时期更好的拓展业务，大陆商业银行做了大量的、积极的探索。例如，早期的"圈链模式"，通过联保联贷的方式来弱化个体的信用风险。又如，区域性的银行，在特定的政策环境下，依托关系型战略与本土资源优势等，聚焦当地中小企业，建立专业机制、机构和商业模式。近期的商贸物流银行，即探索利用供应链运营数据驱动商业银行授信用信方式变革，为供应链中小企业提供应收账款融资、预付款融资、存货融资和战略关系融资等流程化的小微金融服务，依托新兴技术驱动金融变革，带动中小企业金融发展。（巴曙松，2018）

　　台湾银行业投资大陆时间不长，零售市场还没有打开，同业业务显得较为重要。以富邦华一银行为例，在 2017 年 12 月 31 日时点，存放同业款项、拆出资金和买入返售金融资产等三项资产额高达 151.2 亿人民币，同期的放款及垫款资产额为 284.6 亿人民币。三项同业业务占总资产的比重高达 21%，核心的放、垫款业务占总资产的比重不到 40%。（富邦华一年报，2017）在这一背景下，富邦华一银行的资产扩张速度势必受到影响。在核心业务无法短期内大量增加的情况下，资金只能投资于金融市场业务，而此时的证券投资占总资产的比重已达 26%。在核心业务日趋激烈的当下，上述大陆商业银行的积极探索值得投资大陆的台湾银行业者研究借鉴，加强与大陆商业银行的沟通联系，通过论坛、杂志、科研机构等平台探讨、寻找业务合作的可能。当然，在当前金融业严监管、强监管的背景下，早已习惯了"戴着镣铐跳舞"的台湾银行业者或许有新的机会。

　　以上四个方面是当下金融环境变化中的主要趋向，在此之外还有很多问题，各省市、各地区都有其各自的特点，或是机遇或是难题，均值得未来分门别类的研究。正因为有上述因素限制，大陆市场并非是所有台湾银行业者在短期内的绝对选项。对于已经进入大陆市场的台湾银行业者而言，风险的控制、市场拓展和合作机遇的寻觅远比短期的利润更重要。另外，从外国银行在大陆的策略布局上也可以得到若干启发。目前进入大陆的外国银行业者可以分为以下几类：1. 以进入大陆当地市场为主。这一类的银行，以当地企业金融或个人金融为目标，本身拥有不易被取代的金融商品优势，急速建立广大分行网点，最快的拓展方式是购买大陆银行的股权，以及设立独资或合资银行，如渣打、汇丰、荷兰银。2. 以贸易融资为主，这类银行靠的是跟大陆当地银行策略联盟，互换信用状及汇款业务。这一类以通汇关系为主的银行，并不直接对当地企业授信，仅设一个办事处或分行在上海或北京就够了。但是，必须有强大的同业授信能耐、周全的同业授信控管机制，以及国际清算优势。如美国纽约银行。3. 以专案融资或信托金融为主。争取金融同业或政府机构的信托业务，或锁定大陆顶尖企业或官方建设专案，进行联合贷款或专案融资。这一类银行其母国与大陆官方并没有政治上的包袱或经济援助的障碍。如英、法、德、比等国的大银行。4. 以支援母国大企业为主。日本的银行在国内总行给予日资企业母公司授信额度，再让客户本身进行关系企业间的交易融资。美国与韩国的银行伴随外移的厂商到投资地进行就地授信。这些银行的授信目标都是本国的大企业。至于针对外移大陆的中小企业，或对大陆的当地企业，则不列为目标客户。除了第 1 类之外，其他的 3 类银行不见得把大陆据点当成单独的利润中心，许多业务由大陆据点扮演协同行销、联络、风险控管等角色，实际业务量可能登记在母行或大陆境外分行名下。各银行依据目标客户与核心金融商品的不同选择不同的设点策略，包括与大陆本地银行的合作模式、是否开办人民币业务等。例如，日本银行在大陆的设点，办事处的数目为分行家数的 3 倍，相较于日本与大陆间的庞大经贸关系，很显然日本采取产业与金融不同步的策略。相反，韩国银行的大陆据点则是分行数远多于办事处，而且分行多开办人民币业务。（简永光，2008）因此，台湾银行业者也应该根据自身战略发展的需要选择是否进入大陆，以及进入大陆的方式与规模，避免盲从的"羊群效应"。

第六章 台湾银行业对粤投资的现状及趋势

整体而言，适合台湾银行业经营的城市大多集中在东部沿海。长三角地区综合了台商密集、银行服务的不饱和度高、经济发展前景好等三大诱因，未来仍是台湾银行业首要的选择地点。目前来看，上海、南京、苏州等长三角城市是首选。拥有大连、青岛、天津的环渤海区域，近两年来成为台商投资热土，也适合台湾银行业者"北上"布局网点。具有"五缘优势"的海峡西岸经济区经过多年的政策积累和基础设施的完善，优势已经显现，对于台湾银行业者也很有吸引力。成渝经济区随着对台经贸的热络也是台湾银行业者"西进"的重要选择。尽管面对诸多区域选项，广东自身的优势资源正在不断累积，只要政策设计得当，也能够成为台湾银行业投资和经营的热土。

6.1 台湾银行业对粤投资的现状

在 16 家赴大陆投资的台湾银行业者中，来广东投资的有 9 家。

一、广东是台湾银行业重要的投资所在地

台湾银行业在广东的分支机构数量尽管不如长三角，但也位居第二。截至2017 年 12 月底，9 家台湾银行业者在广东设立了 1 家法人银行、9 家分行和 2家融资租赁公司的分公司（东莞、中山分公司），现有的分支机构布局集中在深圳、广州和东莞等台商密集的三个城市。不论是机构数量还是机构种类，广东都多于海峡西岸经济区以及其他片区，是台湾银行业重要的投资所在地。落户深圳的玉山银行（大陆），于 2016 年 3 月开业，总部设于深圳市前海深港合作区，是台湾银行业在华南地区设立的第一家法人银行。截至目前，玉山银行（大陆）在东莞和深圳各有 1 家分行。2017 年底的资产规模达 78.3 亿人民币。在现已成立的三家子行中，资产规模暂时超过了成立于 2014 年 1 月的永丰银行（大陆），但远低于富邦华一。其母行玉山银行在台湾一直以服务于中小企业闻

名，对中小企业放款额位居前列，是台湾唯一连续 12 年荣获中小企业信保伙伴
奖的银行。

表 6.1 2016—2017 年台资银行的资产和利润规模

单位：亿元

名称	2016 年		2017 年	
	总资产	税后利润	总资产	税后利润
富邦华一银行	681.5	4.1	717.2	2.2
永丰银行（大陆）	55.4	-0.5	72.7	0.46
玉山银行（大陆）	48.2	-0.15	78.3	-0.76

注：由于彰化银行和国泰世华商业银行在 2018 年才改制，因此尚未有独立的财务报
表。资料来源：富邦华一银行、永丰银行（大陆）、玉山银行（大陆）2016、2017 年报。

二、广东市场拓展有限，资产风险较大

资金向外调度详细的数据有限，仅以两家代表性银行为例。富邦华一银行
深圳分行于 2007 年 12 月经银监会批准由代表处升格为分行，是富邦华一在上
海市以外最早成立的分行。如表 6.2 所示，尽管经营时间已达 10 年之久，但以
广东为重心的华南三省融资规模仅仅只有 4%—7%，业务量非常小，且该分行
资产规模占全行比重仅有 8%。由于本地融资需求不旺，该行深圳分行的资金大
量向外调度。如表 6.3 所示，深圳分行通过向其他分行调用资金所获得的部门
间利息净收益连续两年均达到 2.4 亿元，为所有分支机构之最。值得一提的是，
这部分净收入也是目前深圳分行利息收入中最重要组成部分。倘若刨去资金外
调的利息净收入，深圳分行的利息净收入和营业利润都呈现亏损。由此可见，
深圳分行在华南片区所拥有的优质信贷客户相对有限。2018 年 2 月，富邦华一
银行关闭了深圳宝安支行进一步证实了这个结论。

对于尚未在别的省市布局设点的玉山银行（大陆）而言，在广东经营期间，
出现了资产风险较大的问题。表 6.4 所示，2017 年玉山银行（大陆）的资产减
值损失高达 6600 万元，不仅高于永丰银行（大陆），居然还高于资产规模是其
10 倍的富邦华一银行。由此可见，该行虽然总资产增速很快，比 2016 年增长
了 60%，总资产达 78.3 亿元。但是，与长三角的两家台资银行对比，玉山银行
（大陆）的优质信贷资产相对较少。如果资产规模的扩张的同时并不能带来资产
质量的同步提升，资产风险居高不下，对长远的投资布局将构成很大的阻碍，

甚至会关闭现有的网点。

值得一提的是，中西部地区已经成为当前及下一阶段台湾银行业的重点布局地。从富邦华一银行的贷款流向上看，西南地区和华北地区融资占比远远超过了华南地区，展现了巨大的市场潜力。2017年，正筹建、刚开业的三家台湾银行业分行便选址在武汉、长沙和西安。

表 6.2   2015—2017 年富邦华一银行贷款的区域流向[1]

单位：%

地区分布[2]	2017 年末	2016 年末	2015 年末
华东地区	55.5	52.4	50.9
西南地区	19.3	20.1	19.1
华北地区	11.6	12.9	9.9
华南地区	5.8	4.8	7.2
其他地区	3.5	8.0	11.5
个人贷款	4.3	1.8	1.4

注：[1] 贷款中含垫款。[2] 华东地区包括上海市、山东省、江苏省、浙江省、安徽省、江西省、福建省；西南地区包括重庆市、四川省、贵州省、云南省、西藏自治区；华北地区包括北京市、天津市、河北省、山西省和内蒙古自治区；华南地区包括广东省、广西壮族自治区和海南省；其他地区包括上述省市以外地区。

资料来源：富邦华一银行，2016、2017 年报。

表 6.3   2016—2017 年富邦华一银行的业务结构

	2016 年			2017 年		
	分部间利息净收	营业利润	资产合计	分部间利息净收	营业利润	资产合计
上海总部	-4.3	4.13	628.18	-2.55	2.39	614.8
深圳分行	2.41	0.45	60.14	2.4	0.78	59.3
天津分行	0.72	0.73	24.63	0.58	0.44	38
苏州分行	1.34	0.48	36.15	1.09	0.53	46.6
南京分行	-0.18	-0.4	6.72	-0.58	-0.15	20

续表

	2016 年			2017 年		
	分部间 利息净收	营业利润	资产合计	分部间 利息净收	营业利润	资产合计
北京分行	0	-0.17	0.68	-0.07	-0.26	1.4
成都分行	-	-	-	-0.88	-0.85	8.2
武汉分行	-	-	-	0	-0.16	0.25
西安分行	-	-	-	-	-	-
合计	0	5.22	681.54	0	2.72	717.2

资料来源：富邦华一银行，2016、2017 年报。

三、珠三角的经营成本相对较高，盈利能力不足

以玉山银行（中国）为例，珠三角的经营成本相对更高。2016—2017 年，该行的业务及管理费为 0.98 亿、1.34 亿，连续两年高于同样规模的永丰银行（大陆）。若以平均每单位资产的费用来看，玉山银行（大陆）的单位资产费用也高于富邦华一银行。从业务管理费的内部结构上看，玉山银行（大陆）在租赁上的费用非常高，2017 年达 2730 多万元，而同年的永丰银行（大陆）仅有 770 万元，分支机构众多的富邦华一银行仅有 7130 万。过高的租赁成本势必影响银行的长远竞争力。

高成本和高风险导致了玉山银行（大陆）的盈利能力表现不佳。尽管资产规模大幅扩大，但亏损却不降反增。这与永丰银行（大陆）形成鲜明对比，对方资产规模与其类似，但 2017 年已经扭亏为盈。连年的亏损将推迟该行获得经营全面人民币业务的时间，对拓展市场十分不利。目前，富邦华一银行是大陆唯一全牌照运营的台资银行。

表 6.4　2016—2017 台资银行的费用情况

单位：亿元

	富邦华一银行		永丰银行（大陆）		玉山银行（大陆）	
	2017 年	2016 年	2017 年	2016 年	2017 年	2016 年
业务及管理费	6.33	5.94	0.92	0.73	1.34	0.98
其中：租赁费	0.71	0.69	0.08	0.05	0.27	0.25
资产减值损失	0.17	0.01	0.19	0.24	0.66	0.18

资料来源：富邦华一银行、永丰银行（大陆）、玉山银行（大陆）2016、2017 年报。

6.2 台湾银行业对粤投资的趋势

如上所述,华南地区资金相对充沛,但是优质的融资客户有限。针对这一现象,本节从宏观、中观和微观三个层面来探讨台湾银行业投资广东后的发展方向。

一、在国家战略与区域定位中洞见机遇

宏观层面上,广东目前有三重优势,即"一带一路"的地缘优势、粤港澳大湾区的融合优势、广东自贸区的开放优势。

就"一带一路"而言,广东正以最大的决心深度参与"一带一路"建设。根据 2010 年 9 月亚洲开发银行《2010 至 2020 年亚洲及太平洋地区能源、运输、通讯、水利及卫生设施等基础建设需求估计》研究报告分析,2010 年至 2020 年亚洲发展中国家基础建设总需求将高达 8.2 万亿美元。亚洲开发银行目前可用资金约为 1600 亿美元,而世界银行约为 2200 亿美元,资金供应明显不足,亚洲基础设施投资银行(简称:亚投行)的设立有助于缓解供需矛盾。纵观各国或地区加入亚投行的目的,大经济体以影响或改变国际政经板块为目标,而小经济体的加入除了避免被摒除于亚洲经济决策圈,并掌握最新经济发展资讯之外,最主要就是希望能为企业争取重要的商业利益。(林士杰,2015)近年来,台湾正积极争取加入亚投行。按《亚洲基础设施投资银行协定》第三条"成员资格"第三款所述,不享有主权或无法对自身国际关系行为负责的申请方,应由对其国际关系行为负责的银行成员同意或代其向银行提出加入申请。这意味着台湾要想加入亚投行需要遵循和香港同样的程序。在目前的政治僵局下,这一程序难以启动。香港作为金融中心和航空枢纽中心将在亚投行中担当重要角色,未来也会有更多的金融活动在香港进行。台湾银行业在广东投资设点,有助于和香港之间的往来,便于共同开拓"一带一路"市场,有利于台湾银行业、台资企业的海外布局,有利于资金的优化利用。

就粤港澳大湾区而言,广东正以粤港澳大湾区建设为重点,加快形成全面开放新格局。携手港澳打造国际一流湾区和世界级城市群。香港资本市场传统上是一个股票市场,在过去二十年里一直是中国企业首选的海外融资中心,随着内地经济的快速崛起和资本市场的开放与发展,香港资本市场的功能也开始逐步转型。在今后的二十年里,香港将会发展成为集股票、大宗商品与外汇为一体的全方位国际金融中心。(李小加,2017)但是,香港人多地少,缺乏发展腹地,深圳已成为其金融服务业纵深发展的腹地。深圳正利用这一机遇,打通金融进入实体经济的渠道,弥补市场空缺,助推供给侧改革。台湾银行业则可聚焦深圳、前海,通过现有平台的资源和信息,在珠三角地区加大投入,实现深度融合。地租成本对金融业非常重要。香港和深圳的高成本对广州已经产生了不小的"溢出效应"。一些香港、深圳的金融公司开始在广州设立分公司、总部。随着粤港澳大湾区的交通优势日趋加强,人和资金朝广州转移的趋势正在发生。复星集团 2017 年初在南沙设立健康保险公司总部,参与投资了芭洲和陆家医院项目,并在海珠区设立医疗投资板块华南总部,未来还将通过并购方式参与广州医疗服务改革。与此同时,"世界 500 强企业"苏黎世财产保险集团广东分公司在广州正式开业,选址天河国际金融中心。两大项目的背后既是业者看到了这一区域中产阶层崛起的富足,更是基于对广州将再次成为中国新一轮改革前沿的预见。这对于台湾银行业合作具有重要的参考作用和带动作用。台湾银行业应该认准趋势,把握时代发展的机遇,与台湾保险业一起开拓广州及其周边地区。(陈茜,2019)

就广东自贸区而言,成立之初就担负起制度改革和机制创新的重任。三年来,广州南沙、深圳前海和珠海横琴三大片区不仅在经济转型,对接港澳上进行探索,多项改革创新成果更是在全国范围内复制推广。近三年来,广东自贸试验区各指标平稳增长。投资便利化、贸易便利化程度不断提高。作为广东体制机制改革的先行地,三大片区备受市场和媒体的青睐,取得了较好的口碑。广东将继续深化自贸试验区改革创新,提高国际化双向投资水平,构建开放型经济新体制。玉山(大陆)总部和富邦华一银行深圳分行均选址、落户前海在很大程度上是自贸区政策优势集聚的结果。待博鳌论坛所允诺的金融开放政策落实后,广东自贸区为保持优势,将继续推出更多的政策。对于"小而美"的台湾银行业而言,在自贸区内不仅能利用政策的优势经营、创新业务,而且有充分的机会接触新兴产业,从而更加容易获得市场的认可。

二、在产业转型升级与新业态中寻找市场

表 6.5 显示了广东省主要的 39 个产业集群。正是这些传统产业支撑了广东改革开放 40 年的经济腾飞。数十年来发展出口加工业,在产业集群上体现出明显的终端色彩。在这些集群中,不乏台资企业的身影。面对日益严峻的外贸形势和区域竞争,广东正推进优势传统产业转型升级,这将呈现巨大的融资缺口。

台湾银行业在服务、辅导中小企业融资方面有着多年的经验，这些城市、这些产业集群将为台湾银行业发挥比较优势提供丰富的机会和平台。

表 6.5 广东省主要的产业集群分布

城市	集群	城市	集群
广州市	珠宝首饰加工产业集群	东莞	服装产业集群
	皮具产业集群		电子信息产品产业集群
	汽车制造产业集群		文化用品产业集群
	牛仔服装产业集群		模具产业集群
	日用消费品产业集群		毛织产业集群
深圳市	化妆品产业集群	中山市	家用电器产业集群
	通信电子产业集群		小家电产业集群
	环保产业集群		机电产品产业集群
	黄金珠宝产业集群		五金制品产业集群
珠海市	电子信息产业集群		灯饰产业集群
云浮市	石材加工产业集群		休闲服装产业集群
佛山市	玩具产业集群	河源市	钟表产业集群
	陶瓷产业集群	汕头市	玩具礼品产业集群
	金属加工产业集群	江门市	摩托车产业集群
	家具产业集群		水暖器材产业集群
	内衣产业集群	阳江市	刀剪产业集群
	家电产业集群	惠州市	制鞋产业集群
	纺织印染产业集群		电子产品产业集群
潮州市	陶瓷产业集群	湛江市	小家电产业集群
珠三角	安防产业集群		

资料来源：中国机经网，http://group.mei.net.cn/indexh.html#H。本研究整理，2017年9月。

更为重要的是，广东正集中力量突破产业关键核心技术，建设高水平科技创新体系，并以构建现代产业体系为重点，打造战略性新兴支柱产业。在最新区域发展战略上，全面实施以功能区为引领的区域发展新战略，强调广深科技创新走廊。其中，IAB 产业已经成为当下广东产业转型升级的风口。以最近两年广州招商引资为例，如表 6.6 所示，广州在 IAB 等几大领域已经初步积累出优势。2016 年 12 月底，富士康宣布在广州增城区投资 610 亿元建设第 10.5 代面板、基板玻璃及相关后段产品生产线，重点发展工业大数据应用、超高清 8K 电视、智能家居、智能办公、面板自动化（工业机械人）研发等，科技含量极高。作为 IAB 产业的典型项目，它具有极强的产业虹吸效应，将带动上下游众多台资企业入驻，构建新时代台资企业广东投资蓝图。换言之，广东新时期的产业融资需求将逐步释放，台湾银行业应该把握契机，将业务嵌入新时期的产业升级浪潮中。

表 6.6 围绕 IAB 计划布局广州的知名企业项目

	企业项目名称	项目选址	项目概要
1	富士康第 10.5 代 8K 显示器全生态产业园	增城区	总投资 610 亿元，一期项目预计 2019 年 6 月完工，年产值 920 亿元，最先进的 8K 显示技术。
2	思科（广州）智慧城	番禺区	项目重点发展智能制造云产业，并为智慧城市生态系统提供云计算技术、智能医疗、智能交通、智能物流和数据中心等应用，打造一个集"产、学、研、商、居"于一体的价值创新园区，产值预计超千亿元。
3	广汽智联新能源汽车产业园	番禺区	广汽集团联手落户园区企业计划投资超 450 亿元，重点布局汽车制造等六大业态，预计总产值超 1700 亿元。
4	酷窝众创空间	天河	该项目由广州酷窝互联网科技有限公司和谷歌广告（上海）有限公司共同运营，定位为全球精英 O2O 资源共享平台，项目面积约 5000 平方米，在孵企业包括流米、艾姆特、i+ 研习社等创新企业，预计可容纳企业过百家。
5	百度创新中心	天河区	第一期将开放 5000 平方米的创新空间孵化器，可以同时容纳 700 个创业者在里面创业。
6	微软广州云暨移动应用孵化平台	南沙	前期将引入业界知名的独角兽龙头企业，重点瞄准人工智能领域，引进至少 50 个"双创"团队入驻该孵化平台。

	企业项目名称	项目选址	项目概要
7	亚信数据全球总部	南沙	该项目将在 3 年内陆续在南沙形成 5000 人以上规模的信息产业技术服务及研发团队，形成超百亿的产业规模。
8	广州南沙国际人工智能产业高级研究院	南沙	研究院将被打造成人工智能研发和应用的集聚平台。
9	科大讯飞华南总部	海珠区	以教育、医疗、智慧城市为发展重点，在广州打造全球智慧考试中心、全国智慧教育示范中心、广州教育大数据平台等。
10	阿里巴巴华南运营中心	海珠区	该中心承接阿里巴巴旗下 UC 移动事业群、UC 优视科技、智慧城市、移动互联网上下游归集等业务领域。
11	腾讯	海珠区	腾讯将 QQ 邮箱和手机安全软件的研发、销售及相关业务转移到广州。
12	GE 生物产业园	黄埔区	通用电气（GE）生物产业园落户中新知识城，将从事生物医药生产企业集聚园区的运营业务，达产产值预计 40 亿美元。
13	百济神州药物生产基地	黄埔区	百济神州建设的 PD-1 单克隆抗体药物生产基地，选址在通用生物产业园旁边，项目投资预算 20 亿元人民币，投产后首年产值 80 亿元。

三、从微型金融与大数据运用中凸显自身的优势

大数据的开发与运用对于台湾银行业投资广东有着至关重要的作用，提升了若干可行路径的成功概率。典型的如微型金融，微型金融的概念起源于 20 世纪 70 年代的第三世界，它所涵盖的服务内容包括微型储蓄、微型保险、微型贷款等，其目标客群为收入微薄的弱势群体，是官方促进公平正义与发展的工具。近年来，微型金融机构因应时代潮流而快速演进，越来越多的非政府组织的微型金融机构转型为开办存放款业务的一般金融机构。以资产报酬率来计算，这些机构的表现甚至优于大多数开发中国家的商业银行。主流金融机构也加入微型金融的行列。（江伟平、杨兹婷，2009）近年来，大陆积极引导金融机构服务实体经济，支持小微和三农金融服务。其中一个很重要的举措是指导大中型银行设立普惠金融事业部，提高金融服务的覆盖率。这与微型金融的发展有异曲同工之妙。从理论角度分析，造成小微企业、收入微薄的个体融资困境的根源

有两个：资金供需双方之间信息不对称和风险管理上的激励不相容。

在大数据时代，这两个难题出现有解的可能。对深耕广东市场的台湾银行业而言，在省内能够借力互联网开放平台的渠道优势与数据挖掘所蕴含的核心竞争力，尝试突破束缚小微企业及个人客户融资的信息与成本枷锁，深度拓展业务。《关于促进两岸经验文化交流使用的若干措施》中提到"台湾征信机构可与大陆征信机构开展合作，为两岸同胞和企业提供征信服务。"这为台湾银行业在粤分支机构、台资银行在广东开展微型金融业务创造了更好的条件。他们应该携手两岸征信机构建立以广东台企为主的中小企业信用体系，为征信扫除障碍。值得一提的是，早在1971年，台湾各银行已普遍拥有内部征信体制，如今内部信用评级已十分规范。如今台湾拥有完善的征信体系，由公共征信、私营征信和机构内部征信等三大部分构成。规模较大的几家征信机构已经具备较高的业务水平和市场公信力，其余小规模征信机构也都承揽着专业的调查业务。近年来，当局还积极引入国际知名私营征信机构入岛。对于广东而言，在省内能够借助互联网开放平台的渠道优势培育良好的"数据生态"，创建一个有利于企业、个人生产真实数据的生态环境，对于小微企业融资状况的改善无疑具有重要价值。

从政府角度看，加强对小微企业、个人的市场监督、提高其伪造数据的成本是大势所趋。总之，以政府带动市场，优化小微企业生存的生态环境，鼓励真实数据的生产，将是广东在大数据时代里促进小微企业融资，深入发展金融业，加强粤台、粤港金融合作的必经路径。（陈茜，2019）

四、在与台湾其他金融业者之间的合作中提升话语权

根据台湾"金管会"2016年的年报，截至2016年12月底，台湾"金管会"核准1家证券公司赴大陆参股设立期货公司，4家投资信托公司参股设立基金管理公司，1家投资信托公司设立办事处，9家证券公司设立15家办事处。保险业方面，截至2016年12月底，7家保险公司、3家保险经纪公司参股投资大陆7家保险公司、2家保险经纪公司和1家保险代理公司。另外，有12家保险公司（5家产险、7家寿险）在大陆设立13家办事处。

香港人多地少，缺乏发展腹地，深圳已成为其金融服务业纵深发展的腹地。深圳正利用这一机遇，打通金融进入实体经济的渠道，弥补市场空缺，助推供给侧改革。一旦服贸协议签订，台湾证券期货、投资咨询业的持股比例放宽，深圳和台湾的金融合作会加快进度。对于广州而言，复星集团2017年初在南沙

设立健康保险公司总部，参与投资了琶洲和睦家医院项目，并在海珠区设立医疗投资板块华南总部，未来还将通过并购方式参与广州医疗服务改革。与此同时，"世界500强企业"苏黎世财产保险集团广东分公司在广州正式开业，选址天河国际金融中心。两大项目的背后既是业者看到了这一区域中产阶层崛起的富足，更是基于对广州将再次成为中国新一轮改革前沿的预见，这对于穗台保险业合作有重要的参考作用和带动作用。值得一提的是，尽管台湾的保险业有成熟的环境与人才和技术，大陆有着很大的市场，但由于渠道不够，包括国泰人寿、新光人寿和君龙在内的几家两岸合资的寿险公司虽然深耕大陆好几年，到现在都还处于亏损状态。因此，在广东的台湾银行业应该在法律规章允许的前提下，应该积极探索、创造与台资证券、保险业合作的机会，发挥综合优势共同挖掘广东市场。只有这样，才能够最大化的克服体量较小、信息沟通不畅、特色与优势不明显等问题。

6.3 粤台金融合作的现实价值与对策

2018年4月以来，中美爆发贸易战，遏制中国崛起成为美国精英阶层的共识。随着中美关系日趋紧张，不排除美国将通过拉拢台湾来挑衅大陆。作为两岸关系的"压舱石"，两岸经贸合作将被赋予更重要的作用。在这种情况下，为确保两岸经贸合作平稳推进，就需要及时的满足台商的正常需求。巨额的台湾资金借助银行的管道进入大陆，不仅使得台湾对大陆的宏观经济更加重视和依赖，而且为众多中小台资企业在货币紧缩的环境下提供了更多可靠的"水源"，是实现中央所提出的"稳金融""稳外资""稳外贸"的可靠途径。从地方的角度，在坚持去杠杆的背景下，"控风险、助实体"既是各级政府的监管要求，也是市场内各银行机构的发展趋向。政府和银行机构应该相互配合，促进两岸经贸关系健康稳定的发展。根据上述分析，对粤台银行业合作拟提出以下政策建议：

（一）最大化争取台湾银行业入驻

首先，争取尚未投资广东的台湾银行业者设立分支行。目前，在大陆投资设点的16家台湾银行业者中，依然有7家银行尚未来广东投资布局。其次，争取已经投资广东的几家台湾银行业者将法人银行总部设在广东。再次，争取尚未投资大陆的若干家台湾银行业者来广东投资设立其他形式的金融机构。尚未投资大陆的 17 家台湾银行业者中的绝大多数是因为本身的资产规模较小,达不到大陆规定的设立银行机构的门槛。然而,这些机构经营稳健,风险、资本等各类指标良好,在服务于中小企业、民众方面有独到的经验。广东应该争取这些企业以融资租赁、产业基金、消费金融公司等形式进驻广东,为广东的小微企业和居民提供丰富多样的金融产品和高质量的金融服务。

（二）增强入驻广东的台湾银行业者投资信心

对于所有在广东投资设点的台湾银行业者,应该在开业初期给予一定的优惠,巩固其投资的意愿,增强投资的信心。包括效仿青年创业平台,给予在广东布局的台湾银行业者开业初期租金减免的优惠,降低他们的租赁成本。给予台湾银行业者在广东招聘的优秀员工提供"同等条件、优先考虑"的落户、人才补贴、公租房等机会,增强台湾银行机构吸纳人才的竞争力,进而降低他们的薪资成本。促进本地银行机构与台湾银行业合作,开展联合征信、联合贷款等业务,让台湾银行业者资金不是往外调度,而是流向广东辖区内有需要的企业和民众。

参考文献

一、专著

[1]（台湾）沈临龙：《台湾银行"国际化"之发展与政策之研究》，台北："财政部金融司"编印，年份不详。

[2]（台湾）张绍台、王伟芳等：《台湾金融发展史话》，台北：财团法人台湾金融研训院，2005年10月。

[3]邓瑞林：《跨国银行经营管理》，广州：广东经济出版社，1999年。

[4]黄达：《货币银行学》，北京：中国人民大学出版社，2000年。

[5]李非：《海峡两岸经济关系通论》，厦门：鹭江出版社，2008年。

[6]李非：《台湾经济发展通论》，北京：九州出版社，2004年6月。

[7]李国鼎：《台湾的财政金融与税制改革》，南京：东南大学出版社，1994年12月。

[8]麦金农：《经济市场化的次序——向市场经济过渡时期的金融控制》，上海：上海人民出版社，1998年。

[9]檀江林：《经济自由化以来台湾金融改革研究》，合肥：合肥工业大学出版社，2005年8月。

[10]许心鹏：《战后台湾金融》，厦门：鹭江出版社，1992年。

[11]周呈奇：《战后台湾经济增长思想研究》，北京：九州出版社，2007年。

[12]程伟：《世界经济十轮》，北京：高等教育出版社，2004年。

[13]刘诗平：《三十而立：中国银行业改革开放征程回放》，北京：经济科学出版社，2009年。

二、期刊、学位论文与研究报告

BertusM，JaheraJJS，YostK．Anotonforeignbankownershipandmonitoring: Aninternationalcomparison[J]．JournalofBanking&Finance，2008，32:338～345.

EngwallL，MarquardtR，PedersenT，etal．Foreignbankpenetrationofnewly opened market in the Nordic countries[J]. Journal of International Financial Market, Institutions and Money，2001，11:53—63.

HaasRd，LelyveldIv.ForeignbanksandcreditstabilityinCentralandEastern Europe.Apaneldateanalysis[J].JournalofBanking&Finance，2006，30:1927—1952.

Mathieson & Roldos. The role of foreign banks in emerging markets[J]. Paper preparedfortheIMF-WorldBank-BrookingsInstitutionConferenceonFinancial Markets and Development，2001，19—21.

Stiglitz，J.E.Theroleofthestateinfinancialmarkets[J].Proceedingof the Word Bank Annual Conference on Development Economics，1993，19—52.

Sturn JE，Willians B．Foreign bank entry，deregulation and bank efficiency: LessonsfromtheAustralianexperience[J]．JournalofBanking&Finance，2004，28:1775—1799.

SensarmaR．Areforeignbanksalwaysthebest?Comparisonofstate-owned，private and foreign banks in India[J]．Economic Modelling，2006，23:717—735.

[8]（台湾）黄启瑞、董泽平等:《中国银行业国际化之区位选择因素》,《中国大陆研究》，2009 年第 1 期。

[9]（台湾）王正芬、陈裴纹:《近年"我国"资金外流的原因、问题与影响》,《"中央银行"季刊》，2008 年第 30 卷第 1 期。

[10]（台湾）周秀霞、沈中华:《外国银行追随企业顾客或劳工顾客到台湾吗？:"追随顾客"理论在台湾的实证》,《台大管理论丛》，2009 年第 19 卷 2 期。

[11]（台湾）蔡长卿、邱章洋:《赴美国洛杉矶筹备对外分行设立之事宜报告》，华南商业银行，1990 年 5 月。

[12]（台湾）黄富樱:《后危机时代国际间主要金融改革》,《国际金融参考资料》，第 60 辑，2010 年。

[13]（台湾）《金融"国际化"研究小组——东南亚工作小组研究报告》,"中华民国银行商业同业公会全国联合会"，1991 年。

[14]（台湾）《金融"国际化"研究小组——美国、加拿大工作小组研究报

告》，"中华民国银行商业同业公会全国联合会"，1991 年。

[15]（台湾）李荣谦、林晓伶:《外资银行扩大在"国内"版图可能带来的影响》，《国际金融参考资料》，第 57 辑，2008 年。

[16]（台湾）《陪同"立法院财政委员会"考察台湾地区银行在大陆地区分支机构"出国"报告》，台湾"金管会"，2011 年。

[17]（台湾）《台湾制造业对外投资、全球化与产业升级》，"行政院主计处"，2011 年。

[18]（台湾）《研析两岸金融交流后可能产生之问题与防范措施》，台湾"金管会"，2010 年。

[19]（台湾）严宗大、卢世勋:《中国新修订外资银行条例的政策意涵》，《国际金融参考资料》，第 53 辑，2006 年。

[20]（台湾）《银行"国际化"策略之研究》，中华经济研究院，2007 年。

[21]（台湾）王鹤松:《台湾加入 WTO 后两岸金融往来的发展方向》，《银行公会会讯》，第 11 期，2002 年 9 月。

[22]（台湾）李纪珠:《台湾银行业登陆的机会与挑战》，《银行公会会讯》，第 15 期，2003 年 5 月。

[23]（台湾）陈慧芳:《中国大陆银行业概况及台湾银行登陆之机会与挑战》，《银行公会会讯》，第 67 期，2012 年 1 月。

[24]（台湾）萧新永:《台资银行须知的大陆劳动法令政策及因应对策》，《银行公会会讯》，第 66 期，2011 年 11 月。

[25]（台湾）江伟平、杨兹婷:《微型金融之现状与展望》，《银行公会会讯》，第 54 期，2009 年 11 月。

[26]（台湾）靖心慈:《由东协加一市场开放做法看 ECFA 金融业之可能发展走势》，《银行公会会讯》第 58 期，2010 年 7 月。

[27]（台湾）简永光:《台湾银行业在大陆之机会与挑战》，《银行公会会讯》，第 46 期，2008 年 7 月。

[28]（台湾）徐千婷:《服贸协议对台湾银行业的可能影响》，《银行公会会讯》，第 77 期，2013 年 9 月。

[29]（台湾）王鹤松:《输出入银行之政策功能方向》，《银行公会会讯》，第 46 期，2008 年 7 月。

[30]（台湾）章远智:《国际金融情势对台湾银行业的影响与金融国际化的

展望》,《银行公会会讯》,第 69 期,2012 年 5 月。

[31]（台湾）魏锡宾:《浅谈银行的 "清理计划"》,《银行公会会讯》,第 71 期,2012 年 9 月。

[32]（台湾）陈望博:《2012 年大陆银行业发展经营新趋势》,《银行公会会讯》,第 71 期,2012 年 9 月。

[33]（台湾）苏瓜藤:《知识经济时代中银行授信之无形资产议题分析与建议》,《银行公会会讯》,第 75 期,2013 年 5 月。

[34]（台湾）银华:《银行业整并是一把双面刀》,《银行公会会讯》,第 75 期,2013 年 5 月。

[35]（台湾）邱仕敏:《台湾银行业越南、印尼市场拓展策略》,《银行公会会讯》,第 79 期,2014 年 1 月。

[36]（台湾）范光阳:《缅甸经济金融之现况与展望》,《银行公会会讯》,第 86 期,2015 年 3 月。

[37]（台湾）林士杰:《亚洲基础设施投资银行之研析》,《银行公会会讯》,第 87 期,2015 年 5 月。

[38]（台湾）邱仕敏:《越南经贸环境分析》,《银行公会会讯》,第 92 期,2016 年 3 月。

[39]（台湾）刘灯城:《亚洲区域银行与金融整并》,《银行公会会讯》,第 80 期,2014 年 3 月。

[40]（台湾）林士杰:《台湾金融竞争力指标及趋势的观点》,《银行公会会讯》,第 94 期,2016 年 7 月。

[41]（台湾）江伟平、杨兹婷:《微型金融之现状与展望》,《银行公会会讯》,第 54 期,2009 年 11 月。

[42] 程果:《我国商业银行负债管理研究》,《商业时代》,2009 年 5 期。

[43] 程吉生、尹世康:《美国外资银行国民待遇标准的立法、实践及其法律分析》,《国际金融研究》,2006 年第 4 期。

[44] 葛小玲等:《国内外银行经营模式比较及启示》,《湖北社会科学》,2002 年第 4 期。

[45] 古洁:《关于外资银行在华业务发展的研究》,《特区经济》,2010 年第 3 期。

[46] 郭斌:《利率市场化背景下的商业银行经营策略分析》,《工业技术经济》,2005 年第 3 期。

[47] 方晓燕：《负债证券化：银行负债管理创新刍议》，《安徽科技》，2005年第 7 期。

[48] 郭斌：《利率市场化背景下的商业银行经营策略分析》，《工业技术经济》，2005 年第 3 期。

[49] 何喜有：《外资银行在华进入模式选择与组织演进研究》，《经济纵横》，2010 年第 12 期。

[50] 何志强等：《台湾金融（银行）改革模式探讨》，《上海金融》，2008 年第 6 期。

[51] 胡斌：《商业银行证券投资业务的国际比较》，《中国货币市场》，2007第 11 期。

[52] 胡晓：《东南亚四国银行重组中的外资参与》，《东南亚纵横》，2006 年第 9 期。

[53] 黄静：《外资银行进入与转轨国家东道国银行业效率——基于中东欧国家及 DEA 方法的研究》，《世界经济研究》，2010 年第 1 期。

[54] 李超、周诚君：《韩国和新加坡银行业对外开放对我国的启示》，《金融纵横》，2008 年第 2 期。

[55] 李晓春：《英、美、日对外资银行法律监管的比较及其借鉴》，《现代日本经济》，2004 年第 4 期。

[56] 林枢：《中国银行业经营绩效——基于主成分分析法的研究》，《上海经济研究》，2010 年第 9 期。

[57] 凌江红：《论外资银行的市场准入条件与壁垒》，《外国经济与管理》，1997 年第 2 期。

[58] 刘才涌：《马来西亚银行业的外资参与历程及其影响分析》，《东南亚纵横》，2007 年第 8 期。

[59] 刘立安、付强：《外资银行经营模式及盈利能力差异分析与实证——基于隐形进入成本与制度质量的研究》，《管理工程学报》，2010 年第 2 期。

[60] 刘立安、傅强：《外资银行改制经营的实证分析》，《统计与决策》，2010 年第 5 期。

[61] 刘立达：《中国国际资本流入的影响因素分析》，《金融研究》，2007 年第 3 期。

[62] 鲁明易、余珊萍：《在华外资银行组织模式选择》，《上海金融》，2010

年第 6 期。

[63] 路妍:《发达国家跨国银行经营策略的新变化及启示》,《经济管理》,
2008 年第 9 期。

[64] 马玉峰:《论利率市场化商业银行的经营策略》,《经营管理者》,2009
年第 5 期。

[65] 梅拉利·S. 米罗:《金融危机后菲律宾银行业的整合、集中与竞争》,《银
行家》,2007 年第 7 期。

[66] 潘永、邹冬初:《越南银行业改革:措施、成效、启示》,《区域金融研
究》,2011 年第 9 期。

[67] 沈悦,薛伟红:《利率自由化与利率"超调"——国际经验对中国的启
示》,《经济社会体制比较》,2006 年第 4 期。

[68] 施建淮:《中国应对资本流入的政策选择》,《经济社会体制比较》,
2010 年第 3 期。

[69] 陶凌云:《论欧盟的金融开放及对我国的启示》,《湖北社会科学》,
2009 年第 10 期。

[70] 王国红、何德旭:《外资银行进入中国市场的竞争效应研究》,《财经问
题研究》,2010 年第 6 期。

[71] 邱立成、王凤丽:《外资银行进入对东道国银行体系稳定性影响的实证
研究》,《南开经济研究》,2010 年第 4 期。

[72] 王勇:《台湾金融挤兑风潮的深刻启示》,《南方金融》,2007 年第 4 期。

[73] 吴崇伯:《印尼银行业改革、重组的最新进展与变化趋势分析》,《东南
亚研究》,2009 年第 2 期。

[74] 夏辉、苏立峰:《入世后外资银行在华发展及其进入路径的国际比较研
究》,《中国软科学》,2009 年第 9 期。

[75] 谢升峰、李慧珍:《外资银行进入对国内银行业盈利能力的影响——基
于面板数据的实证分析》,《经济学动态》,2009 年第 11 期。

[76] 邢桂君:《台湾金融控股公司发展模式及借鉴》,《现代金融》,2008 年
第 1 期。

[77] 杨齐:《企业国际化理论综述与研究展望》,《生产力研究》,2009 年第
5 期。

[78] 叶李伟:《我国金融自由化改革的回顾与评述》,《经济研究参考》,

2009 年第 63 期。

[79] 张满银、韩大海:《金融生态环境与外资银行在华投资的省域选择》,《金融论坛》,2010 年第 10 期。

[80] 张清华:《外资银行市场准入制度的国际比较及对我国的启示》,《特区经济》,2011 年第 2 期。

[81] 张哲绰、薛巍:《大力推进人民币区域化周边化进程,努力实现人民币与卢布自由兑换》,《黑龙江金融》,2010 年第 11 期。

[82] 赵文骊:《争夺当地市场大饼 延揽华族金融专才——菲律宾银行与台资银行竞争白热化》,《外向经济》,1996 年第 12 期。

[83] 庄晓玫:《金融自由化实践的国际比较》,《金融论坛》,2007 年第 9 期。

[84] 庄宗明、高志勇:《后危机时期的两岸金融监管合作》,《厦门大学学报(哲社版)》,2011 年第 4 期。

[85] 朱俊峰:《后危机时代新兴市场国家外资银行的监管策略》,《中国金融》,2010 年第 22 期。

[86] 江能:《基于套利理论的商业银行资产负债管理模式研究》,《特区经济》,2007 年第 9 期。

[87] 赖昭瑞、李德荃:《久期理论及其在商业银行资产负债风险管理中的应用分析》,《山东经济》,2006 年第 1 期。

[88] 刘涛、周继忠:《中国与其他新兴市场国家银行业的汇率风险比较——基于银行资产负债表构成的视角》,《南方金融》,2011 年第 8 期。

[89] 余秀荣、张令骞:《国有商业银行资产负债比例和风险管理问题研究》,《财会通讯》,2007 年第 6 期。

[90] 王颖:《中西方银行资产负债管理比较研究》,《商业研究》,2005 年第 15 期。

[91] 崔滨洲:《论商业银行资产负债优化的资本约束》,《中国软科学》,2004 年第 9 期。

[92] 庄新田、肖建宁:《市场利率下银行资产负债结构优化研究》,《系统工程》,2004 年第 2 期。

[93] 杨华书:《巴塞尔协议与国有商业银行资产负债比例管理问题探索》,《理论与改革》,2004 年第 1 期。

[94] 崔滨洲:《流动性与资本双重约束的商业银行资产负债优化研究》,华

中科技大学，博士学位论文，2004 年。

[95] 冯鹏熙：《我国商业银行资产负债管理的实证研究》，华中科技大学，博士学位论文，2006 年。

[96] 巴曙松、李成林、尚晓政：《智能化服务模式与银行网点转型研究——基于对工行 A 市分行物理网点智能化试点的案例分析》，《金融电子化》，2018年第 1 期。

[97] 巴曙松《商贸物流银行与中小企业融资创新》，搜狐网，https://www.sohu.com/a/216510765_699063，2018 年 1 月 13 日。

[98] 巴曙松：《绿色金融：有何挑战？机遇何在？》，北京大学汇丰商学院，http://www.phbs.pku.edu.cn/index.php?a=show&c=index&catid=1561&id=4298&m=content，2017 年 6 月 29 日。

[99] 屈宏斌、马晓萍：《"一带一路"资金融通，钱从哪来》，《中国银行业》，http://www.zgyhy.com.cn/jianguan/2017-06-29/4284.html，2017 年 6 月 29 日。

[100] 巴曙松：《当前金融体系应当如何解决新经济融资的痛点》，腾讯财经，http://finance.qq.com/original/caijingzhiku/bss20171127.html，2017 年 11 月 23 日。

[101] 南华早报：《台湾银行业为何突然撤离大陆市场》，参考消息网，http://finance.cankaoxiaoxi.com/2014/0415/375344.shtml，2014 年 4 月 15 日。

[102] 鄂志寰：《中国银行业国际化的百年跨越》，《中国金融》，2017 年第20 期。

[103] 曲凤杰：《韩国金融开放的经验和教训》，《新金融》，2006 年第 8 期。

[104] 《香港外资银行市场准入制度》，中国人民银行国际司，http://www.pbc.gov.cn/publish/goujisi/754/1123/11233/11233_.html.

[105] 朱磊：《两岸金融交流之一：两岸通汇》，中国台湾网，http://www.chinataiwan.org/jinrong/zjzl/200901/t20090119_818649.html.

[106] 《美国对外资银行的准入管理框架》，中国人民银行国际司，http://www.pbc.gov.cn/publish/goujisi/724/2010/20100324143800891362089/20100324143800891362089_.html.

[107] 李小加：《走近前海联合交易中心》，今日头条，http://www.toutiao.com/i6418834074319716866/，2017 年 5 月 11 日。

[108] 陈茜：《两岸金融合作的历程、现状、主要问题及粤方合作的空间》，《粤方商业评论》，第四辑，2019 年。

三、数据来源网站

[1] 台湾"经济部统计处"，http://www.moea.gov.tw/

[2] 台湾"经济部投审会"，http://www.moeaic.gov.tw/

[3] 台湾"经建会"，http://www.cepd.gov.tw

[4] 台湾"行政院金融监督管理委员会银行局"，http://www.fsc.gov.tw

[5] 台湾"行政院主计处"，http://www.dgbas.gov.tw

[6] 台湾"中央银行全球资讯网"，http://www.cbc.gov.tw

[7] 台湾银行商业同业公会联合会，http://www.ba.org.tw/

四、银行年报

[1]	台湾银行 2016、2017 年报	[13]	永丰银行 2016、2017 年报
[2]	合作金库商业银行 2016、2017 年报	[14]	玉山银行 2016、2017 年报
[3]	台北富邦商业银行 2016、2017 年报	[15]	台新银行 2016、2017 年报
[4]	台湾土地银行 2016、2017 年报	[16]	大众银行 2016、2017 年报
[5]	第一银行 2016、2017 年报	[17]	台湾中国信托商业银行 2016、2017 年报
[6]	华南商业银行 2016、2017 年报	[18]	新光银行 2016、2017 年报
[7]	彰化银行 2016、2017 年报	[19]	台中银行 2016、2017 年报
[8]	兆丰国际商业银行 2016、2017 年报	[20]	王道银行（原台湾工业银行）2016、2017 年报
[9]	国泰世华商业银行 2016、2017 年报		
[10]	台湾上海商业储蓄银行 2016、2017 年报	[21]	富邦华一银行 2016、2017 年报
[11]	联邦银行 2016、2017 年报	[22]	富邦银行（香港）2016、2017 年报
[12]	元大商业银行 2016、2017 年报		